HACKS Y TIPS PARA ESCRIBIR MEJOR

Atajos para Ser un Mejor Escritor y Escribir más Rápido, con Mejor Calidad

DARELL RUSSELL

Índice

Introducción

Primero que nada, hablemos de los escritores. Un escritor es una persona que usa palabras escritas en diferentes estilos y técnicas para comunicar ideas. Los escritores producen diferentes formas de arte literario y escritura creativa como novelas, cuentos, libros, poesía, obras de teatro, guiones, canciones y ensayos, así como otros informes y artículos de noticias que pueden ser de interés para el público. Los textos de los escritores se publican en una variedad de medios. Los escritores, que pueden usar el lenguaje para expresar bien sus ideas, a menudo contribuyen de manera significativa al contenido cultural de una sociedad.

El término "escritor" también se utiliza en otras áreas de las artes y la música, como compositor o guionista, pero como escritor independiente normalmente se refiere a la creación de un lenguaje escrito. Algunos escritores trabajan desde una tradición oral.

Los escritores pueden producir material de varios géneros, ficticios o no ficticios. Otros escritores utilizan múltiples medios, por ejemplo, gráficos o ilustraciones, para mejorar la comunicación de sus ideas. Otra demanda reciente ha sido creada por lectores civiles y gubernamentales para el trabajo de escritores técnicos de no ficción, cuyas habilidades crea documentos comprensibles e interpretativos de tipo práctico o científico. Algunos escritores pueden usar imágenes (dibujo, pintura, gráficos) o multimedia para mejorar su escritura. En raras ocasiones, los escritores creativos pueden comunicar sus ideas a través de la música y las palabras.

Además de producir sus propios trabajos escritos, los escritores a menudo escriben sobre cómo escriben (es decir, el proceso que utilizan); por qué escriben (es decir, su motivación); y también comentan sobre el trabajo de otros escritores (crítica). Los escritores trabajan de manera profesional o no profesional, es decir, por pago o sin pago, y se les puede pagar por adelantado (o en el momento de la aceptación), o solo después de que se publique su trabajo. El pago es solo una de las motivaciones de los escritores y a muchos no se les paga por su trabajo.

El término escritor se usa a menudo como sinónimo de autor, aunque este último término tiene un significado algo más amplio y se usa para transmitir la responsabilidad legal de un escrito, incluso si su composición es anónima, desconocida o colaborativa.

Los escritores eligen entre una variedad de géneros literarios para expresar sus ideas. La mayor parte de la escritura se puede adaptar para su uso en otro medio. Por ejemplo, el trabajo de un escritor puede leerse en privado o recitarse o representarse en una obra de teatro o una película. La sátira, por ejemplo, puede escribirse como un poema, un ensayo, una película, una obra de teatro cómica o una parte del periodismo. El autor de una carta puede incluir elementos de crítica, biografía o periodismo.

Muchos escritores trabajan con distintos géneros. El género marca los parámetros pero se han intentado todo tipo de adaptaciones creativas: de novela a película; de poema a obra de teatro; de historia a musical. Los escritores pueden comenzar su carrera en un género y cambiar a otro.

Por ejemplo, los escritores de romances históricos, crean personajes e historias ambientadas en períodos históricos.

En este género, la precisión de la historia y el nivel de detalle fáctico de la obra tienden a ser debatidos. Algunos escritores escriben tanto ficción creativa como análisis serios, a veces usando otros nombres para separar su trabajo.

Tenemos a poetas, novelistas, satíricos, libretista, letrista, dramaturgo, guionista, redactor de discursos, biógrafo, críticos, editor, enciclopedista, ensayista, historiador, lexicógrafo, investigador y académicos, traductor, bloguero, columnista, diarista, periodista, memorista, negro literario, escritor de cartas, redactor de informes, escriba, escritor técnico, entre muchos otros más y todos ellos son igual de importantes.

¿Por qué son importantes los escritores?

Las obras literarias ayudan al ser humano a edificarse, en cualquier ámbito. Cada obra literaria muestra una realidad oculta de la sociedad, es como una nutrición reflexiva e intelectual, lo importante es ver la lectura con pasión y no con obligatoriedad. Por ello, es importante estimular desde edades tempranas a que los niños y niñas le encuentren pasión a la lectura. Hagamos una comparativa: en países de Europa hacen encuentros literarios para niños, las bibliotecas se llenan, con lo cual se nota el interés desde tempranas edades, creo que esto tiene que ver con políticas.

Un modo de incentivar la lectura es promoviendo en las Municipalidades, y sus respectivas bibliotecas, reuniones de lectura para jóvenes y niños. Ya que cada obra literaria (poesía, cuento y novela) nos da una percepción por la cual podemos reflexionar sobre diferentes contextos. Las obras literarias tienen la sencillez creativa de mostrarle al ser humano un escape y una autocrítica de la realidad social. Por eso, es necesario adquirir compromiso y responsabilidad.

¿Cuáles son las motivaciones de los escritores?

Los escritores tienen muchas razones diferentes para escribir, entre las que generalmente se encuentra alguna combinación de autoexpresión y registro de hechos, historia o resultados de investigación.

Los numerosos médicos escritores, por ejemplo, han combinado su observación y conocimiento de la condición humana con su deseo de escribir y han contribuido con numerosos poemas, obras de teatro, traducciones, ensayos y otros textos. Algunos escritores escriben extensamente sobre su motivación y sobre las probables motivaciones de otros escritores. Por ejemplo, el ensayo de Jean Cadwell en el cual habla de por qué escribe (1946) toma esto como tema. En cuanto a lo que constituye el éxito o el fracaso de un escritor, se ha descrito como un asunto complicado, en el que el material choca con lo espiritual y la psicología juega un papel importante.

¿Por qué crees que debemos escribir más rápido?

Hay dos razones por las que los autores necesitan escribir más rápido. La primera es pura economía: cuanto más escribes, más te pagan. El segundo puede ser contrario a la intuición: cuanto más rápido escribes, más fácil se vuelve.

Habrás visto otros libros que prometen enseñarte cómo escribir más rápido, algunos incluso dicen que pueden duplicar tu número de palabras. Yo se que tengo La mayoría de los que he leído ofrecen información útil, pero el énfasis está en la velocidad, no en la calidad de la escritura.

Lo que escribes tiene que ser legible, de lo contrario, ¿cuál es el punto? Es posible que pueda entrenar a un orangután para que escriba 10,000 palabras en un día, pero ¿alguien querría leerlo?

Por eso llamé a mi sistema R & C, que significa más rápido y más claro. Un verdadero escritor debe aspirar a:

- Escribir más rápido
- Escribir mejor
- Escribir más claro

Eso es lo que les voy a mostrar en este breve libro. El objetivo final es poder escribir el equivalente a 1,800 palabras en una sola hora. Como verás cuando veamos el proceso con cierto detalle, el sistema no funciona exactamente así, pero te harás una idea. No te rindas si no puedes escribir con la misma rapidez y precisión de inmediato: esta es una habilidad que debe perfeccionarse con la práctica.

Bien podría ser que puedas escribir más rápido que yo, si es así, bien por ti. Estoy contento con mis modestas 1,800 palabras, lo que supuso una gran mejora con respecto a lo que había podido manejar antes. La versión anterior de este libro se llamaba 1600.

¡Palabras, así que al menos estoy progresando!

Otros libros en el mercado prometen ayudarte a escribir hasta 5,000 palabras cada hora. Creo que esto podría estar al alcance de muchos de nosotros pero, para ser honesto, si tratara de lograr un recuento de palabras como ese todos los días de trabajo, creo que me quemaría en una semana...

¿Entonces, quién soy yo?

Soy un hombre y he pasado la mayor parte de mi vida escribiendo. Solía trabajar en la revista más importante de Londres, donde mi competencia se extendía desde escribir sobre música, cerveza y libros hasta entrevistar a gángsters y publicar artículos regulares en diferentes revistas en línea.

Cuando era estudiante, allá por la década de 1970, ganaba dinero con la cerveza escribiendo 'cartas de lectores' y 'confesiones de la vida real' para una serie de revistas británicas de porno suave sórdidas. Era como volver a la era de los pulps: escribía con una fórmula estricta y me pagaban (aunque no muy generosamente) por palabra.

Desde que dejé el mundo del porno suave, he escrito y editado varios libros y antologías, incluidos diferentes libros escritos por mucha gente del medio. Más recientemente, he publicado doce novelas fantasma que se han publicado con los nombres de otros escritores y he escrito varias más con una serie de seudónimos. Esto solo fue posible después de haber descubierto los métodos que te mostraré.

¿Cómo puedo ayudarte?

Mi valor para ti es doble. En primer lugar, mi experiencia como editor y escritor me da una vista profesional desde otro lado. Dirigí uno de los periódicos más importantes que hay en Londres durante más de diez años y me mezclé con muchos de los mejores autores y editores del mundo. Realmente aprendí mucho de ellos. Lo mejor de todo, en lo que respecta a este libro, son mis experiencias como escritor 'nacido de nuevo'.

Varios años atrás tuve que reinventarme para escribir para uno de los formatos en línea. Para ser honesto, me pareció una curva de aprendizaje empinada.

Antes de averiguar cómo hacerlo, había comenzado docenas de novelas. Incluso tenía un agente que había encontrado editores ansiosos por verlos. No pude terminar una novela para salvar mi vida.

Cometí todos los errores posibles. Me angustiaba cada palabra. Me puse a editar lo que ya había escrito en el momento en que me senté en el teclado. Sabía que mis cosas no eran tan buenas como los libros que estaba leyendo. Seguí tirando cosas. Seguí rindiéndome.

Al final, me olvidé de escribir novelas y entré a trabajar en la industria de la música. Años más tarde, me casé y formé una familia, la música me había vuelto un fracaso y acumulé enormes deudas tratando de organizar un festival de música.

Las facturas llegaban cada día que no tenía el lujo de poder fallar. Tenía que ganar dinero escribiendo. Con esta pistola en mi cabeza, rápidamente descubrí qué funcionó y qué no.

Había dominado el arte de escribir novelas rápidamente.

Seis adolescentes en dos años: un ritmo acelerado para la mayoría de los novelistas.

También encontré tiempo para escribir un libro corto sobre cómo lo hice llamado Cómo escribir una novela, que está disponible de forma gratuita (en la mayoría de los países) en alguna página en internet.

Este es otro libro corto, menos de 15,000 palabras, sobre cómo dupliqué con creces mi escritura salida en un año. Se apega al tema por una razón: escritores como tú no tienen tiempo que perder leyendo su información relevante.

Si sospechas que necesitas más ayuda con el tema general de escribir una novela o aprender más sobre cómo crear una historia fantástica que se venderá, consulta más libros en internet o buscalos en alguna librería.

1

Una Cabeza Clara

La primera parte del sistema consiste en hacer que tu entorno de trabajo, incluido el espacio entre las orejas, sea lo más fácil posible para el usuario.

Vacía tu mente (y tu escritorio)

Lo que está pasando en tu cabeza es el mayor obstáculo para tu éxito como escritor. Aparte de decirte que cualquier cosa que estés escribiendo apesta, dada la oportunidad, tu mente estará constantemente encontrando otras cosas 'más importantes' para que las hagas.

Escribir requiere esfuerzo, y la mente humana está programada para avanzar hacia opciones más fáciles.

. . .

Siempre que te des cuenta del pequeño monstruo astuto que es tu mente, puedes tomar medidas para mantener tu carrera de escritor en el buen camino.

El ambiente de trabajo

Tener una rutina establecida puede ayudarte a trabajar más cómodamente. La mayoría de los escritores exitosos tienen un lugar favorito dónde les gusta escribir. Puede ser dentro de tu propia casa, en un cobertizo al fondo del jardín o en algún lugar más alejado. Independientemente de lo que decidas, debes hacer que tu área de escritura esté lo más libre posible de distracciones.

Ordena tu escritorio y mantenlo ordenado. No permitas que nada te distraiga de tu objetivo, que es escribir. No amontones de billetes, juguetes ejecutivos, fotografías o teléfonos susceptibles de sonar. Trata de no rodearte de cualquier cosa que puedas necesitar de atención como por ejemplo las plantas, que necesitan agua muy seguido, o alguna mascota, ya que deben ser alimentadas de inmediato, etc. Muchos autores exitosos alquilan una oficina solo para escribir.

El resto de nosotros tenemos que encontrar un espacio público, como una biblioteca, una plaza comercial, o una cafetería, y hacerlo nuestro. Vale la pena ser consistente.

. . .

No te obsesiones con eso, pero trata de trabajar en el mismo lugar a la misma hora todos los días. Si estás en una biblioteca o en una cafetería, trata de apropiarte del mismo asiento o de una mesa que nadie más quiera. Colócate lo más lejos posible del mostrador, la entrada principal y los baños.

Tu computadora

Antes de sentarme a escribir, me gusta revisar mis correos electrónicos, solo para estar tranquilo de que no hay nada pendiente que pueda arruinar mi vida si no tomo medidas inmediatas. (Nunca lo hay, ¡pero mi mente parece pensar que es algo común!)

Si quiero entrar alguna de mis redes sociales o cualquier otro de los crecientes sitios de redes, me doy un máximo de diez minutos para darme el gusto. Mi objetivo a largo plazo es saltarme este paso por completo. Nota: esto no incluye trabajar en ningún anuncio o campaña de marketing que pueda estar ejecutando. Asignar tiempo de trabajo separado para eso después de haber terminado el escrito.

. . .

Luego cierro todas las aplicaciones que no estoy usando para escribir.

Si estoy (genuinamente) investigando, es posible que necesite una o dos ventanas abiertas en mi navegador web y una conexión a Internet; de lo contrario, me desconecto. Idealmente, seremos solo yo y mi programa de escritura.

Encuentra el tiempo para escribir todos los días

Necesitas reservar tiempo para sesiones regulares de escritura. Para aprovechar al máximo el sistema, estas sesiones deben durar al menos dos horas. Encuentro que una sesión de cuatro horas funciona mejor para mí, dividida en la mitad por un breve descanso para tomar café o té.

Soy prácticamente un escritor a tiempo completo, y trato de encajar en al menos una de estas sesiones de escritura durante un día laboral. Pienso en él como mi Tiempo de Escritura, que solo un terremoto o una Guerra Civil pueden interrumpir.

Todos somos diferentes y lo que funciona para mí puede no funcionar para ti. Experimenta para ver qué mueve tu bote.

. . .

Durante el tiempo de escritura no estarás accesible para tus hijos, esposos, esposas, vecinos o incluso amantes.

Sé que será difícil encontrar suficiente tiempo en el día, especialmente si estás trabajando, pero tienes que hacer lo mejor que puedas. A menudo es cuestión de priorizar. El tiempo de escritura tiene que estar a la altura de Vida y muerte.

Algunos escritores solo pueden encontrar tiempo para trabajar por la noche cuando todos los demás están dormidos. Si eso es lo que se necesita, tienes que hacerlo. Las excusas son para los escritores fracasados y tú no fracasarás.

Eres escritor (¡y no lo olvides!)

A veces, la gente tratará de disuadirte de escribir. Tu cónyuge, tus hijos, tus amigos... podrían tratar de ridiculizar tu deseo de convertirte en un autor publicado.

No tienen la intención de lastimarte, es solo que la gente teme el éxito de los demás. Es posible que estén celosos o tal vez les moleste la cantidad de tiempo que dedicas a escribir.

. . .

Ignora lo que están diciendo y apégate a tus armas. No saben lo cerca que estás de convertirte en un autor de éxito.

Ahora estás leyendo este libro, sólo puede ser cuestión de tiempo.

No tienes que convertirte en un monstruo: solo ve sobre tu negocio y asegúrate de darte suficiente tiempo para escribir.

Algunas personas no les cuentan a sus amigos y familiares lo que están haciendo hasta que terminan el libro. En mi experiencia, esto puede generar más problemas de los que resuelve. ¿Por qué papá sale todos los días a las 7 de la noche? ¿Qué está haciendo? Ese tipo de cosas...

En mi caso, senté a mi familia y les expliqué que iba a escribir a tiempo completo, que no estaría disponible tanto como antes. Con mis amigos, lo mantuve sobre la base de "necesidad de saber".

La gente piensa que escribir es una ocupación que solo pueden ejercer los "superiores". La gente común como nosotros no puede ser escritores, tienes que ser... alguien más. Eso es una tontería. La mayoría de los escritores que conozco son mayormente ordinarios.

. . .

Ahora eres un autor y tienes que actuar y comportarte como uno.

Cuando estás viendo una película o un programa de televisión, o leyendo un libro, debes mirar a través de los ojos de un autor.

¿Hay algo nuevo que puedas aprender? ¿Tal vez una pequeña idea que podría hacer que tu propia historia sea un poquito mejor? Suponiendo que el protagonista hubiera hecho algo diferente, ¿qué habría pasado entonces? ¿Y si...?

Si la historia estaba ambientada en el futuro en lugar de el pasado, tal vez...

Gradualmente te encontrarás pensando como un escritor. Algunas personas dicen que analizar novelas y películas arruina su disfrute. No estoy de acuerdo. Encuentro que el análisis me permite profundizar, que es algo que disfruto.

Entro en la estructura de la historia y la trama con mayor detalle en otro libro, Cómo escribir la historia del millón de dólares. Si eso es algo que crees que quieres saber, échale un vistazo.

2

La Importancia De La Planificación

CONOCERÁS EL VIEJO DICHO: si no planificas, planeas fallar. Voy a dar un paso más allá. Para escribir de forma rápida, clara y segura, necesitas saber lo que vas a escribir. Esto toma Planificación (con P mayúscula).

Elige cuidadosamente

Decidir qué escribir es un primer paso importante. Siéntete cómodo con lo que sea que elijas. Si odias las novelas de detectives, serías un idiota si intentaras escribir una. Del mismo modo, si no sabes nada sobre física nuclear, ¿por qué escribirías? ¿Cómo dividir el átomo? El libro que escribas debe cumplir dos criterios:

1. Tiene que ser algo que te gustaría leer tú mismo.
2. Debe ser algo que la gente quiera comprar.

. . .

Escribir una serie tiene más sentido. Con la ficción, una vez que conoces a los personajes principales de una novela, es divertido mantenerlos activos. También significa que no tienes que inventar nuevos personajes para cada nueva novela. En no ficción, es útil crear una serie de libros dentro de la misma esfera, como jardinería, sitios web o repostería.

Vender varios artículos a un solo cliente es mucho más fácil que tratar de vender un artículo a un grupo de personas. Una vez que hayas encontrado a alguien a quien le guste lo que haces, tiene sentido seguir haciéndolo.

La parte crucial de escribir con rapidez y precisión es saber exactamente lo que vas a decir antes de tratar de escribirlo. Eso significa que tienes que delinear.

1. **Esquema de no ficción**

Una vez que hayas decidido el tema de tu libro, debes determinar exactamente de qué se tratará. Estos no son necesariamente lo mismo. Por ejemplo, un libro sobre la Revolución Francesa podría concentrarse en la crueldad infligida a los aristócratas encarcelados, o podría tratar sobre las injusticias que llevaron a los campesinos hambrientos a rebelarse contra sus amos.

. . .

Incluso si conoces el tema al derecho y al revés, la investigación adicional siempre es útil.

Por lo general, empiezo viendo lo que internet tiene que decir. Sé específico en tu término de búsqueda. Si estás escribiendo un libro sobre cómo criar conejos, entonces eso es lo que debes buscar, no solo 'conejos'. De lo contrario, la mayoría de los resultados serán irrelevantes. Una visita a alguna librería virtual suele ser útil para obtener una visión general.

Luego voy a alguna tienda de libros en línea. A menos que tu tema sea específico de una región, como una guía de restaurantes en Beijing o farmacias en el Cairo, la mayoría de las ventas probablemente se realizarán a través del sitio web de una de las plataformas de ventas en línea en EE. UU. Si es así, ahí es donde debes hacer la mayor parte de tu investigación.

Ve qué otros libros están disponibles, comenzando con los más vendidos, y mira la tabla de contenido en cada uno de ellos, utilizando la función lateral mirar dentro de la tienda.

Compila una tabla de contenido preliminar para tu propio libro, con base en lo que quieres decir y lo que has visto en los demás. Es vital que no copies lo que otros han escrito, pero las ideas son un juego limpio.

Tu estás mirando tu tabla de contenido para encontrar inspiración y para asegurarte de que no se pierda nada importante.

Cada vez que escribo un libro de no ficción, hago todo lo posible para que sea el mejor disponible. Esto significa incluir la información más relevante que pueda. Ese también debería ser tu objetivo.

Deja fuera cualquier cosa que sea aburrida o irrelevante. Tus lectores le agradecerán por mantener tu libro conciso y directo.

Mantente 100% en el tema. Me sorprende la frecuencia con la que veo información irrelevante incluida en los libros de otras personas. Si tuviera que comprar un libro sobre 'cómo criar abejas', no quiero leer cosas sobre cultivar lavanda o hacer pasteles de miel.

Hay demasiados autores que no aprecian la diferencia entre los libros digitales y la forma tradicional de comprar volúmenes impresos de todo lo que necesitas saber en librerías tradicionales. El precio de los libros digitales suele ser intencionalmente bajo porque son breves y específicos.

. . .

Casi nunca verás libros electrónicos llamados "El libro completo de (cualquier cosa)"; en cambio, los títulos más cortos cubrirán los diversos aspectos del mismo tema y deberían tener un precio acorde.

Una vez que he compilado una tabla de contenido preliminar, agrego una lista de temas relevantes debajo de cada uno de los títulos de los capítulos. Por ejemplo, si estuviera escribiendo sobre la creación de un sitio web con un programa especializado para eso, podría escribir:

Paso 3: elegir un nombre de dominio

  ¿Qué es un dominio?
  El mejor dominio para una empresa.
  ¿Dominio de coincidencia exacta?
  Consideraciones del motor de búsqueda
  ¿Cómo buscar un dominio?
  ¿Cómo comprar un dominio?

Haz una lista de todo lo que creas que debe incluirse.

Nada está escrito en piedra y siempre se puede eliminar o intercambiar cosas más tarde. Cuando termine, tendré una lista de títulos de capítulos, bajo los cuales he escrito lo que escribiré, en el orden en que quiero escribirlo. Ese es el esquema de tu libro. ¿Qué tan difícil fue eso?

2. **Esbozar ficción**

Compilar un esquema para una novela es similar. La principal diferencia es que tienes que elaborar una historia en lugar de simplemente enumerar temas.

Supongo que ya tienes una idea aproximada de la historia, tal vez incluso los esqueletos de una trama. Si no, o si no estás seguro de cómo tramar una novela, dos de mis otros libros pueden ayudarte. Échales un vistazo en alguna tienda en línea.

Vale la pena averiguar lo que ya se vende en línea en el género elegido. Fíjate en su estructura, extensión y número de capítulos de cada uno de ellos. Apuesto a que la mayoría de las novelas que veas serán similares. Los lectores saben lo que les gusta y eso es variablemente lo que comprarán.

Cuando observes las novelas más vendidas en las categorías, consulta los personajes principales, las ubicaciones (dónde y cuándo se desarrollan las historias), etc. Sé original, pero no demasiado original. No copies ninguno de la vida real o de otro personaje ficticio. Mantente dentro de los límites sugeridos por tu investigación.

. . .

Es posible que hayas notado que los escritores profesionales hacen que todos los capítulos de una novela tengan aproximadamente la misma longitud. Esto es deliberado.

Hace que el libro sea más fácil de leer y crea un flujo. Recuerda esto cuando decidas la duración aproximada de tu novela.

Digamos que la mayoría de las novelas más vendidas en el género elegido tienen 60,000 palabras y cada capítulo tiene un promedio de 1,000 palabras. No tienes que ser un genio de las matemáticas para averiguar que tiene algo así como 60 capítulos en los que contar su historia.

Estas pautas sobre la extensión y la construcción de los capítulos no necesitan ser seguidas demasiado servilmente. Deberían ayudarte a construir una estructura. Cuando llegas a escribir, puedes terminar con 54 capítulos de entre 800 y 1200 palabras, o 32 capítulos de 1800-2400 palabras... eso está bien.

Lo que importa es que tu historia comience desde el principio, tenga un punto medio interesante y termine para satisfacer a los lectores. Al igual que la mayoría de los demás autores, utilizó la estructura de los tres actos. Viene con muchas variaciones, pero aquí está el patrón que creo que es más simple y funciona mejor para mí:

Simple línea de historia con 3

1. Acto 1 (Inicio)
2. Acto 2 (Conflicto)
3. Acto 3 (Resolución)

Las 3 partes se conforman de su inicio, medio y final.

Cuando todo está dicho y hecho, tu objetivo es dar placer a tus lectores. Tienen que disfrutar tu novela lo suficiente como para querer leer y comprar más libros escritos por ti. Pocos de tus lectores, si es que alguno, sabrán un ápice sobre la estructura de la historia, pero se decepcionarán si la novela terminada no se siente "bien". Después de todo, no es necesario ser biólogo para apreciar una hermosa rosa.

Cuando tengo que escribir rápido, por lo general me gusta delinear en tres etapas:

1. Planifico la historia general en forma muy aproximada a los términos.

2. Agrego detalle.

3. Desgloso la historia en escenas y capítulos.

. . .

Solía hacer esto en fichas, ahora uso el brillante software de escritura, que tiene una función que reproduce las fichas en pantalla.

Soy un gran admirador de este software, y este libro fue escrito y formateado usándolo.

Debo recalcar que no gano nada por recomendarte este software, aparte de la cálida sensación de que haré tu vida como autor mucho más fácil.

Volver al tema en el que estábamos… Antes de esbozar, me aseguro de saber cuál será el final, incluso si es solo una idea aproximada. Puedo cambiarlo más tarde pero, antes de partir, es más fácil y tranquilizador si el viaje puede tener un destino.

Las primeras cartas que escribo son:

El incidente incitador - el evento que establece la historia en movimiento.

Acto 1 Climax - también conocido como "lo que te engancha" - En el punto en el que el protagonista se compromete a completar su tarea.

. . .

El punto medio - el evento, por lo general una pequeña victoria o un desastre que llega en medio del libro y divide el Acto II en mitades aproximadamente iguales.

Acto 2 Climax - el evento que lleva la historia a la fase final. A veces esto puede ser el clímax de toda la historia.

Acto 3 Inversión - generalmente el giro en el que le da la vuelta a la historia.

La cantidad de escenas que incluyas en tus capítulos depende totalmente de ti, según lo que descubras al investigar otros libros de tu género. A algunos autores de suspenso, unos de los más conocidos, les gusta tener un capítulo diferente para cada escena, mientras que otros incluyen seis u ocho escenas a la vez.

Una vez que sé cómo terminará mi novela, estoy en una posición mucho mejor para estructurar el comienzo (Acto 1) y el medio (Acto 2). La siguiente carta que escriba será la que contenga el Incidente Incitador. Al comienzo del Acto 1, todo es normal. Tiene que haber un evento como un asesinato o un secuestro o, con un romance, un encuentro para señalar el comienzo de la historia. Este es el incidente incitador.

. . .

Después de arreglar eso, llené los espacios. Me pregunto qué tipo de incidente o actitud mental haría que mi protagonista se comprometiera a actuar. Una vez que él o ella comienza este viaje (esencialmente la historia de nuestra novela) debe ser virtualmente imposible para ellos retirarse. De lo contrario, ¿dónde está la tensión?

Así como el Acto 1 sirve como introducción a los personajes y el mundo en el que viven, el Acto 2 es donde tiene lugar la acción.

Algunos escritores no se preocupan por el punto medio, o lo utilizan simplemente para reflexionar sobre lo que ha sucedido antes. Esto a veces se llama el momento de 'mirarse en el espejo'.

Porque el Acto 2 es a menudo la longitud de los Actos 1 y 3 combinados, me resulta útil dividir la acción por la mitad con el punto medio.

Tradicionalmente, los escritores han usado el punto medio para revelar algo importante o para matar a un personaje importante. A veces me gusta darle al protagonista una pequeña victoria que pronto le será arrebatada. Por ejemplo, el policía tiene información de que los malos robarán un banco. Ellos tienden una trampa, pero cuando se hacen los arrestos y se quitan las máscaras, es obvio que los ladrones son ladrones de bajo nivel que han sido tendidos por los malos 'realmente malos'.

Rellena los huecos hasta que tengas una historia realmente sólida. Este libro se trata de escribir de forma rápida y clara, por lo que no he entrado en muchos detalles sobre cómo construir una trama. Si tiene alguna duda sobre la trama y la historia de la estructura, les recomiendo otro de mis libros, que confío en que contendrá todo lo que necesita saber. Una vez que la historia está completa, es hora de transformarla de una narración a una lista de escenas y capítulos.

Nuevamente, encuentro que las fichas (y/o Scrivener) son muy útiles al llenarlas.

Personajes y Ubicaciones

Dos elementos cruciales de cualquier historia son sus personajes y locaciones. Ya conocerás algunos de estos detalles al compilar el esquema. Ahora es el momento de llenar los vacíos y resolver cualquier problema que pueda haberse desarrollado en tu parcela.

. . .

Cuando finalmente te sientes a escribir la novela, es importante que sepas exactamente lo que vas a escribir. Esto incluye ser consciente de cómo se ve y suena cada personaje.

También necesitas saber dónde tendrá lugar su acción y cómo son estos lugares.

Todo esto significa tomar decisiones en la etapa de planificación, investigar tanto como sea necesario y anotar todo, para que pueda consultarlo más tarde.

Comenzando por el protagonista, escribo breves biografías de cada personaje. Quiero saber exactamente cómo son, cómo hablan y qué los motiva.

En el caso de los personajes principales, me remontaré a la infancia y hablaré de sus padres y su crianza. Para personajes menores, este tipo de profundidad no es necesaria.

No te obsesiones con escribir biografías. Compilarlos de la parte superior de tu cabeza está bien, siempre que se mantenga constante. Te sorprenderá la rapidez con la que las cosas se juntan cuando aprendes a confiar en tu subconsciente.

. . .

Me gusta tener fotografías para consultar. Estos pueden ser de actores, miembros de la familia o figuras históricas. Si pueden vestirse con el mismo tipo de ropa que probablemente usará el personaje, mucho mejor.

Hago lo mismo para cada ubicación, ya sea una ciudad, una calle o algún lugar al aire libre, una tienda, una oficina o una casa. Hago uso de uno de los buscadores más utilizados en el mundo para buscar lugares similares, ya sean históricos o en el presente. Una de sus aplicaciones que es poder ver las calles a través de fotografías puede ser muy útil, al igual que las películas de época en internet y las plataformas de streaming.

No tienes que ser 100% exacto, pero ayuda. ¡Notarás que algunas reseñas de 1 a 3 estrellas en las plataformas en línea!

Se escriben simplemente porque el lector no está satisfecho con alguna información geográfica o histórica en una novela. Esto puede parecer insignificante, pero es lo que algunas personas hacen. ¿Por qué arriesgarse a dejar que saboteen el ranking de tu novela de ventas si no es necesario?

Al final del día, estás escribiendo ficción, así que si quieres cambiar las cosas, puedes hacerlo. Siempre advierto al lector si me voy a tomar libertades con los hechos, preferiblemente en un prefacio. A veces, contarlas en un apéndice será demasiado tarde.

Todo lo que tenga que ver con los personajes y las ubicaciones debe anotarse. Suelo hacerlo a mano en papel rayado, armando una especie de dossier sobre mi novela.

Escribirlo físicamente con bolígrafo en papel me ayuda a recordar lo que he estado escribiendo, pero si encuentras que es más fácil usar una computadora o algún otro método, siéntete libre.

Idealmente, no tendré que volver atrás cuando esté escribiendo para ver de qué color son los ojos del villano, o en qué número de casa vive alguien, porque el recuerdo estará fresco en mi mente. Pero si tengo que hacerlo, la información es fácilmente accesible.

3

Facilitando La Escritura

No importa si estás escribiendo ficción o no ficción, el sistema de preguntas y respuestas te ayudará a escribirlo más rápido.

¿Novelas o no ficción?

Conozco autores de ficción que ganan seis cifras y conozco a otros a los que les va bien con la no ficción. Si bien es cierto que la mayoría de los millonarios de algunas librerías en línea son escritores de ficción, una novela es mucho más difícil de escribir que un libro de instrucciones. Son columpios y rotondas. La pregunta es: ¿Qué serías más feliz haciendo?

. . .

Para escribir bien rápida y consistentemente, necesitas disfrutar lo que estás haciendo.

No decidas qué escribir simplemente por consideraciones comerciales. Serías un idiota si escribieras cosas que sabes que nadie quiere leer pero, al mismo tiempo, hay muchos temas y géneros rentables. Haz tu investigación y elija algo que cumpla todos sus requisitos.

Una vez que hayas decidido lo que vas a escribir, mantenlo, al menos hasta que se publique. Mantente enfocado. Cortar y cambiar solo hará que el trabajo sea más difícil y llevará mucho más tiempo. Más adelante te daré más detalles para poder escribir diálogos y novelas o ficción de una forma más fácil y entretenida.

Escribir es más fácil de lo que piensas

En teoría, escribir es fácil. Es solo cuestión de poner una palabra tras otra. ¿Qué tan difícil puede ser eso? La historia ha producido escritores de todos los estándares: brillantes, buenos, mediocres, pobres y verdaderamente horribles. El talento no es indicador del éxito de un escritor. Algunos de los mejores escritores del mundo murieron sin dinero, y muchos de los peores ganan millones.

. . .

Si tiene dudas sobre tu capacidad de escritura, ahora es el momento de dejarlas descansar. No tienes que ser un escritor brillante para ganar dinero.

Solo necesitas contar una buena historia (ficción) o explicar una idea (no ficción) lo suficientemente bien como para que la gente la entienda. Cualquier otra cosa es un bono.

David Bones es uno de los autores más exitosos de todos los tiempos. Sus libros, incluidos los que se han hecho hasta películas donde habla de ángeles y demonios, lo han convertido en un multi-millonario. Sin embargo, el consenso entre los llamados "literarios expertos" opinan que sus novelas apestan.

¿A quién le importa? A millones de lectores les gustan sus libros y compran todo lo que escribe. Esa es una misión cumplida en mi libro.

George Lane es un autor autodidacta que ha vendido más de dos millones de libros digitales desde 2011. George fue uno de los primeros escritores en aprovechar la oportunidad de publicar ficción en línea. Su escritura es fácil de entender y sus historias son atractivas. Aun así, un profesor de inglés tendría un infarto tratando de corregir su gramática descarriada.

. . .

En su libro de no ficción, en donde nos habla de cómo vendió 1 millón de libros electrónicos en 5 meses, Lane admite que "mis libros pueden no ser una gran literatura, pero ciertamente no apestan" (muy macho para mí), pero bastantes personas son para haberlo hecho rico.

¿Ves a dónde va esto? Si puedes escribir un correo electrónico o contarle a un amigo sobre algo que te sucedió, entonces también sin duda puedes escribir una novela. Simplemente ve a internet y mira los cientos de miles de libros escritos por muchos, muchos autores. Ya eres mejor escritor que muchos de ellos. Pero, buenos, malos o diferentes, estos son los autores que perseveraron y publicaron sus libros.

Ahora es tu turno.

Olvídate de la perfección

¿No sería genial si pudieras escribir el libro perfecto? ¿Es eso lo que sueñas? ¿Fantaseas con que todo el mundo diga lo maravilloso que eres como escritor?

. . .

Borra ese pensamiento de tu cabeza ahora mismo. Olvídate de esforzarte por ser el mejor. La perfección siempre estará fuera de tu alcance. No hay un escritor que haya vivido alguna vez que no volvería a una novela terminada y haría cambios.

Eso incluye a los mejores escritores de todos los tiempos. Parte de su grandeza es la capacidad de decir, "Eso es todo, he terminado", y marcharse.

Hay mil maneras de decir algo. Diferentes palabras en diferentes combinaciones. Podrías hacerlo conciso o seguir agregando palabras y oraciones. Sería fácil pasar un día, una semana o incluso un año perfeccionando cada frase.

Cuando finalmente hayas terminado de pulir cada oración hasta que brilles, un lector se acerca y echa un vistazo a tu trabajo. Recuerdan que su programa de televisión favorito está a punto de comenzar y siguen adelante, olvidando que alguna de tus oraciones perfectas existió alguna vez.

Qué pérdida de tiempo y esfuerzo. Eso no significa que no tengas que hacer lo mejor que puedas. Siempre que cada oración que escribas tenga sentido y haga avanzar la historia, eso es lo suficientemente bueno, simplemente no te castigues luchando por la perfección.

. . .

Tener expectativas poco realistas solo evitará que logres tus objetivos. Cientos de miles de nuevos autores han descubierto que pueden ganarse la vida escribiendo para alguna editorial. Puedes unirte a ellos, pero solo si te pones de rodillas y escribes, escribes, escribes...

La buena noticia es que mi método te ayudará a escribir mejores libros. Cuanto más tiempo pases escribiendo, cuantas más palabras escribas, mejor serás. Escribir más rápido acelerará el proceso de aprendizaje. Será como presionar el botón de avance rápido dentro de tu cerebro.

4

Poniendo Las Palabras En Papel

Preparándose para escribir

Casi hemos llegado al punto en el que puedes empezar a escribir más rápido y con más claridad de lo que nunca pensaste que podrías.

Recapitulemos cómo es posible:

- Sabes que puedes hacerlo porque eres tan bueno, si no mejor, que miles de otros autores.
- Has reservado suficiente tiempo para escribir.
- Has eliminado tantas distracciones como ha sido posible.
- Has prometido no prestar atención a los pensamientos negativos.

- Has hecho toda la investigación que necesitas, lo que significa que sabes exactamente qué decir y puedes escribir sin obstáculos.

Al leer esto, puede parecer que te estoy dando mucho trabajo extra. En realidad, no lleva mucho tiempo hacer toda la investigación necesaria y delinear una trama. Ahora puedo hacer todo lo que tengo que hacer de forma rutinaria en uno o dos días. Comenzando, puede llevarte más de una semana como máximo.

Lo crucial es que está condensando todo el trabajo necesario para escribir un libro en unas pocas horas de trabajo suave.

En el pasado, los autores podrían haber dedicado semanas o incluso meses a este material. Este es un tiempo valioso que podrían haber dedicado a escribir.

Voy a agregar una instrucción más a la lista que acabamos de recapitular. Es grande, pero es muy fácil.

¡Mantenlo simple!

Mantenlo simple

. . .

La sencillez es una virtud. Como antiguo editor y escritor, puedo decirte que la mayoría de los autores emergentes son rechazados por los editores y los agentes no porque no puedan escribir lo suficientemente bien, sino porque escriben en exceso. los principiantes piensan que tienen que escribir 'como un escritor'. Si tu estás en el negocio de vender novelas para el mercado masivo, este es un gran error.

Colgar 'características decorativas' en tu escritura ralentiza la narración y hace que el libro sea más difícil de leer. Más importante aún, hace que sea más difícil escribir.

Nuestro trabajo aquí es escribir de forma rápida y limpia. Los dos van de la mano. Obviamente, todas las novelas necesitan una cierta cantidad de descripción, pero solo lo suficiente para satisfacer al lector. Aquí hay un pasaje aleatorio de una novela pulp de los años 50 del prolífico autor estadounidense.

El aserradero parecía razonablemente próspero. La ferretería minorista no era lo que esperaba. Hablando con Tomas, había esperado un lugar grande con cinco o seis empleados y un inventario que iba desde electrodomésticos y bandejas de cócteles hasta bombas para pozos profundos y llaves para tubos.

. . .

Era una tienda estrecha y lúgubre, mal iluminada.

Había un aire de polvo y derrota. Estaba en una calle lateral del extremo menos próspero de Delaware Street. Un empleado con una camisa sucia vino a ayudarme. Dije que quería ver al Sr. Alcaide. El empleado señaló hacia una pequeña oficina en la parte trasera donde a través del vidrio pude ver a un hombre encorvado sobre un escritorio.

Levantó la vista mientras caminaba de regreso a la oficina.

La puerta estaba abierta. Podía ver el parecido con Tomas.

Pero Tomas, justo antes y durante un breve tiempo después de que nos llevaran, tenía un aspecto de vitalidad rebosante, de buen humor. Este hombre parecía mucho mayor que la diferencia de seis años de la que Tomas me había hablado.

Era un hombre grande, como lo había sido Tomas. La frente ancha y alta era la misma, y la nariz ligeramente picuda y la mandíbula fuerte y cuadrada. aunque había estado enfermo durante mucho tiempo. Su color era malo.

. . .

La barba en la mandíbula sin afeitar era gris. Sus ojos eran vagos y preocupados, y había un fuerte olor a whisky en la pequeña oficina "¿Algo que pueda hacer por ti?"

No estamos disfrutando de una clase magistral de escritura aquí, pero cito este pasaje para hacer un punto.

No solo las descripciones son precisas y evocadoras, sino que la escritura tiene un ritmo que te hace querer leer más. La gramática no es perfecta, pero sus fallas apenas se notan. El lector se sumerge instantáneamente en un mundo que la mayoría de nosotros nunca ha conocido en la pequeña ciudad de Estados Unidos de la década de 1950. No sé ustedes, pero yo prácticamente puedo oler el aserrín y el whisky rancio desde aquí.

Apuesto a que el viejo escritor lo eliminó en una sola sesión de escritura corta. No se preocupó por usar la misma palabra ('esperado') dos veces seguidas o si la tienda debería estar 'encendida' o 'encendida'. Él sabía lo que tenía que decir y se puso manos a la obra y lo dijo.

Para ganar dinero escribiendo para alguna editorial en línea, debes escribir rápido. Esto significa que no tienes tiempo para elaboraciones innecesarias. Sólo di lo que tienes que decir y sigue adelante. Tus lectores te lo agradecerán.

. . .

No te preocupes demasiado por la perfección.

Siempre que lo que digas pueda entenderse fácilmente, no tienes que preocuparte por la diferencia entre pronombres y sustantivos, o si tus conjunciones están coordinadas o no. Solo escribe mientras hablas y estarás bien.

No hay absolutamente ninguna vergüenza en escribir simple y claramente. Estás siguiendo la tradición de grandes escritores como, y alguna vez uno de ellos dijo una vez: "Si parece escribir, lo reescribo".

Mantén las oraciones y los párrafos cortos y al punto. Si tienes la tentación de escribir la palabra 'y' o 'pero' en medio de una oración, considera si no sería mejor cerrar la oración y comenzar otra. Los lectores no querrán detenerse y volver a leer nada para comprender su significado. Evita el uso de palabras largas por el bien de eso. Esto no significa que tengas que escribir como si fuera para menores de 10 años.

"El gato se sentó en la alfombra. La alfombra era verde. Estaba soleado."

. . .

Suscribir es casi tan malo como sobrescribir. Espero que tengas un '¡Ajá!'. Por un momento, sé que lo hice cuando me di cuenta de la verdad sobre la escritura limpia y simple. No solo tu, el escritor, puede escribir las palabras más rápido, sino que sus lectores aplaudirán tu estilo claro y conciso. Otra ventaja más es todo el tiempo que ahorrarás en el proceso de edición.

La mayoría de los escritores a los que se les enseña cómo escribir más rápido por otros métodos terminan dedicando mucho tiempo a editar y reescribir lo que ya han escrito. Descubrirás que mi forma de hacer las cosas no funciona así.

Claro, tendrás que corregir los errores ortográficos y gramaticales, pero no habrá tanto galimatías que resolver.

Mi método cumple con el doble objetivo de acelerar el proceso total de escritura y producir libros de los que puedes estar orgulloso.

Calentando

A lo largo de este libro te he dicho que es más fácil escribir cuando sabes exactamente lo que vas a decir. Aquí es donde ponemos en práctica esta teoría. Escribir toda la novela de una sola vez puede ser un poco desalentador. Entonces, vamos a dividirlo en pequeños fragmentos, cada uno de los cuales consta de una sola escena.

Ya deberías tener una ficha (o un equivalente) para cada una de las escenas de tu novela. Como he dicho, puede haber una escena por capítulo o varias, realmente no importa.

Puede trabajar en la estructura una vez que se han escrito las escenas. La tarjeta para la primera escena puede decir:

Capítulo 1: Diana es una madre normal, que trabaja como camarera. Tiene una hija pequeña y un hijo mayor. Su ex marido, borracho, entra en el restaurante y comienza una fila. Su jefe no lo aprecia.

Es una buena sinopsis de lo que va a pasar en la escena, pero tendríamos que seguir parando y comenzando porque no tenemos toda la información que necesitamos para escribir. No sabemos el nombre de la jefa, de sus hijos ni del exmarido, ni siquiera cómo se llamaba el comensal. No sabemos qué hora del día es, si hace frío o calor, invierno o verano, etc.

La lista de lo que no sabemos es prácticamente infinita.

. . .

Como nuestro objetivo es escribir con la mayor fluidez posible y, con suerte, escribir toda la escena/capítulo de una sola vez, necesitamos trabajar con muchos más detalles por adelantado. Parte de ella estará en el dossier de personajes y lugares de nuestra novela, pero una gran parte tiene que inventarse en el acto.

Lo que sucede a continuación es lo que llamo 'Calentamiento'. Esto simplemente significa que escribo un resumen detallado de lo que voy a decir cuando llegue a escribirlo de verdad. No me toma mucho tiempo, generalmente de 5 a 10 minutos, pero me ahorra horas de escribir (y pensar).

En mi caso, uso un fiel bloc de líneas amarillas, pero puedes escribir en cualquier cosa que te facilite el trabajo. No tienes que escribirlo a mano, puedes escribirlo en tu computadora o puedes grabarlo auditivamente en tu teléfono inteligente o cualquier otro dispositivo de grabación.

Lo importante es poner la escena en tu mente. Si algo no va a funcionar o necesitas refinarte, este es el momento de hacerlo. Cuando llegues a hacer la escritura real, debes poder escribir y solo los sabuesos del infierno podrán detenerte.

Esto es lo que podría escribir/decir para el ejemplo que di arriba:

Diana (33) trabaja como camarera en Tom 's Diner en 226 Main Street, Campbell Town, Illinois. Es media mañana de un hermoso día de junio y está cansada después de la prisa del desayuno. Diana había abierto el restaurante antes de las 6 de la mañana con el chef afroamericano Michael Thompson (35) y el propietario, Daniel Derroy, un ex policía de Chicago de 62 años.

Ha sido una mañana ajetreada. La puerta se abre y el exmarido de Diana, Robert Bretto, entra. Está claramente borracho, a pesar de que son solo las 9:45 am.

Robert perdió su trabajo en el aserradero un año antes y, a pesar de ser un borracho violento, anhela la seguridad de la vida de la familia. Culpa a Diana por su estado de pobreza.

Diana y Robert eran novios desde la infancia. Él era una estrella menor del equipo de fútbol, ella era la chica que acababa de entrar en el equipo de porristas. Se casaron a los 18 años, a pesar de las objeciones de sus padres y su primer hijo, Donald, apareció poco después. El padre de Diana era un policía local. El padre de Robert era un gerente de banco que se escapó con el contenido de la caja fuerte y su joven secretaria.

. . .

Daniel intenta eludir a Robert y le ofrece café, pero él insiste en que quiere ver a Diana. Ella se esconde en el baño de mujeres. Cuando sale, Robert se ha ido y el cocinero de comida rápida, Michael, parece sonrojado.

Diana intenta disculparse con Daniel y Michael, pero se da cuenta de que están hartos de los episodios de borrachera cada vez más comunes de Robert.

Cuando se trata de escribir esta escena de verdad, ahora estoy seguro de que podría escribirlo todo en un chorro de energía creativa. Tengo todos los hechos al alcance de la mano, sé lo que va a pasar y sé que no importa si soy un buen o mal escritor porque lo mantendré simple. Siempre puedo volver y reescribirlo más tarde, si así lo decido.

Estoy muy en el asiento del conductor. En el caso de un libro electrónico de no ficción, resumo lo que quiero decir, asegurándome de incluir todos los números y detalles estadísticos que necesitaré. Así no tengo que dejar de escribir para buscar nada. Por lo general, lo hago en forma de una nota de 'viñeta' para mí mismo.

Debido a que la investigación está fresca en mi mente, generalmente puedo salirme con la mía con notas mínimas.

Puede experimentar para ver cuánta información necesita incluir. Simplemente anota lo suficiente para que la sesión de escritura transcurra sin problemas.

La sesión de escritura

Es casi la hora de empezar a escribir. Aquí es donde realmente comienza la diversión.

Vamos a escribir rápido, prácticamente sin pensar. Si cometemos un error, no nos vamos a detener para corregirlo. Si no estamos seguros de una palabra, escribiremos algo como XXXX y continuaremos. No nos preocuparemos demasiado por la gramática, por la repetición. Nada importa excepto escribir las palabras en el papel.

Si tienes problemas reales para resistir la tentación de detenerte y editar, hay una pequeña aplicación que te alienta a escribir rápidamente. Cuando estás escribiendo, solo te muestra la última letra que escribiste y se niega a permitirte volver atrás y editar nada. Tienes que pagar una suscripción y no es especialmente barata, pero puedes probar 3,000 palabras gratis.

. . .

A algunas personas les gusta escribir con música, a otras les resulta demasiado molesto. Un amigo escritor me dijo una vez que la 'música de fondo adecuada' lo ayudaba a entrar en ambiente. La cabalgata de las valquirias de Wagner para una persecución; La banda sonora de Érase una vez en América para el Nueva York de 1920, ese tipo de cosas.

Si vas a escuchar música, te sugiero que te limites a los instrumentales y mantengas el volumen bajo. Tener a alguna banda de rock gritando en tu oído no puede ser propicio para escribir de forma rápida y precisa, ¿verdad?

Personalmente, me gusta la teoría de la música mientras escribo, pero cada vez que lo intento, realmente no puedo concentrarme.

Parte de la alegría de este método de escritura es que no lo harás por mucho tiempo. Solo unos minutos o hasta que una escena o capítulo esté en la bolsa. Puedes elegir si te limitas por tiempo o por un número determinado de palabras.

El sprint de escritura

. . .

El método tradicional de escritura rápida es "sprintar". Pones un cronómetro entre diez y treinta minutos y escribes furiosamente hasta que suena el pitido. El consejo usual es terminar la oración en la que estás. Tal vez escribas hasta el final del párrafo si te sientes particularmente rebelde.

Te sugiero que comiences con diez minutos. A medida que tengas más logros, puedes extender el tiempo de escritura. La mayoría de los autores corren entre 20 y 30 minutos. Solo los más aventureros intentarán más tiempo que eso.

Puedes encontrar temporizadores digitales en línea o puedes usar tu teléfono inteligente. Incluso un temporizador de huevo manual servirá.

Escribir una escena a la vez

Puede que solo sea yo, pero no me gusta trabajar con un cronómetro. Prefiero escribir una escena completa, lo que equivale a un solo capítulo en mis novelas de género. Mis capítulos tienen un promedio de 1000 palabras cada uno; entonces, escribiendo tres escenas/capítulos por día, no es gran cosa completar una novela en menos de un mes.

Si tus escenas son muy largas, te sugiero que rompas en trozos más manejables. No tienes que ser demasiado exacto:

entre 500 y 1500 palabras está bien. Experimente y descubra lo que más le conviene. La mayoría de las plataformas de escritura tienen indicadores de conteo de palabras para que no tengas que detenerte para verificar.

Para mí, la mayor ventaja de escribir una escena a la vez es que me resulta más fácil de memorizar detalles del 'calentamiento'. Visualizo toda la escena de principio a fin, como si estuviera viendo una película. Esto realmente me ayuda a poner lo que estoy imaginando en palabras.

Hasta hace poco, solo tenía una vaga idea de cuánto tiempo me tomaba escribir una escena. Después de cronometrarme durante una semana, veo que tardo entre 18 y 28 minutos.

Mis escenas de muestra tienen entre 780 y 1400 palabras, ¡así que parece ser matemáticamente correcto!

Es importante seguir adelante: no te detengas

Siempre que hayas seguido todos los pasos, pronto encontrarás que las palabras brotan de ti, como una cascada incontinente. Siempre me sorprende lo fácil que se vuelve.

. . .

Es intenso pero estimulante al mismo tiempo. También es increíblemente productivo.

Recordar:

- No te detengas a arreglar nada, solo escribe.
- Si tus habilidades de escritura no son muy buenas y estás cometiendo muchos errores, no te preocupes por eso, simplemente escribe. (Trato formas de mejorar su escritura en el próximo capítulo).
- No te preocupes por la ortografía o si tu gramática no está a la altura, simplemente escribe.
- Si comienzas a escribir una oración y cambias de opinión, detente y comienza de nuevo. Puedes eliminar todo lo que no quieras más tarde. Solo deja de escribir cuando llegues al final.

¿Qué sigue?

Después de que hayas terminado tu primer sprint, tómate un respiro: te lo has ganado. Levántate y estira las piernas, haz una taza de café, mira por la ventana. Por lo general, me permito un descanso de cinco minutos antes de sentarme a hacerlo todo de nuevo. Una vez que he completado dos o tres sprints, invariablemente encuentro que necesito un descanso más largo. Tal vez voy a hacer un sándwich, dar un paseo, desafiar las redes sociales o responder a mis correos electrónicos.

En un día promedio, completo 4-5 sesiones de escritura antes de que mi cerebro empiece a decirme que ha tenido suficiente. Si me siento particularmente fuerte, podría hacer 6 sesiones.

Hay escritores que regularmente escriben mucho más tiempo que yo. Conozco a varios que constantemente se las arreglan para mantenerse durante ocho horas o más: entre diez y quince carreras al día. ¡Seré honesto y te diré que me mataría!

Escribir es una parte importante de mi día pero, como la mayoría de los autores autoeditados, también tengo otras cosas que hacer: marketing, edición, responder correos electrónicos, diseño, etc. Me gano bien la vida y no veo el sentido de esforzarme demasiado.

Pero,¿tal vez lo haces? Es completamente tu elección. Cinco sprints en un día de trabajo significa que habré escrito diez algo así como 5000 palabras. Antes de trabajar así, solo podía manejar de 1000 a 2000 palabras durante todo un día de trabajo. A menudo, mucho menos.

. . .

Además de todo, siento que el texto que produzco hoy es mucho mejor de lo que era cuando me angustiaba con cada palabra. Realmente es una situación de ganar-ganar.

De corrección

Tu copia necesitará corrección. Es probable que haya errores: errores tipográficos, faltas de ortografía, galimatías, comienzos en falso, etc. A medida que pasa el tiempo y adquiere más práctica, verás que se reduce el número de errores. Aun así, dudo que alguna vez puedas escribir una copia completamente limpia escribiendo tan rápido.

A algunos autores les gusta limpiar lo que han escrito inmediatamente después. Otros prefieren dejarlo hasta el final de la jornada de escritura. La decisión es tuya.

Soy de los que corrige el texto mientras tomo mi café. Debido a que es completamente diferente a un sprint de escritura, ¡corregir no parece un trabajo!

La corrección no debería llevar mucho tiempo. En esta etapa, está ordenando y, en general, haciendo que el texto sea legible, sin realizar una edición o reescritura completa. Eso viene después. A veces, es posible que vea alguna oración o párrafo extraño que podría perder. Si es así, hazlo, pero no pierdas más tiempo del necesario.

. . .

Dos formas de escribir aún más rápido

Las dos formas más fáciles de acelerar aún más el conteo de palabras son aprender a escribir más rápido o probar el dictado.

1. **Aprende a escribir más rápido**

Acostúmbrate a la distribución de tu teclado. Los teclados vienen en casi todas las formas y tamaños. Si estás usando una computadora portátil o tableta, las teclas serán mucho más pequeñas que si estás trabajando en un teclado gigante que canta y baila con funciones adicionales y un teclado numérico.

Las teclas de letras se organizan tradicionalmente en el diseño QWERTY, llamado así por las letras en la segunda fila desde arriba. Los números y otros símbolos tienden a moverse según el sistema operativo (OSX o Windows), el fabricante y el modelo. A menos que te veas obligado a cambiar entre diferentes teclados (tal vez por trabajo o porque escribes en una biblioteca, por ejemplo), te sugiero que elijas un teclado que se adapte a tu forma de escribir y que se apegue a él.

. . .

Práctica memorizando las posiciones de las letras y los signos de puntuación comunes: comillas, punto/punto y coma. Para escribir más rápido, necesitarás saber dónde están todos sin tener que detenerte y verificar. A veces es mejor no pensar demasiado: simplemente deja que tu subconsciente se haga cargo.

Me convertí en un mecanógrafo realmente rápido con dos dedos y el pulgar (para la barra espaciadora) simplemente practicando y poniéndome pequeñas pruebas para hacer.

Descubrirás que progresarás más si no miras el teclado mientras escribes.

El tipeador rápido definitivo usa diferentes dedos para diferentes teclas. Si buscas 'cómo escribir al tacto' en tu motor de búsqueda favorito, encontrarás todo tipo de sitios web que te mostrarán cómo hacerlo.

2. **Dicta tu novela**

Es casi seguro que descubrirás que 'escribirás' aún más rápido al dictar en una aplicación que traducirá tu discurso en palabras. La mayoría de las personas, especialmente aquellas con PC, eligen un software en específico. Es el 'estándar de la industria' y cuesta hasta varios cientos de libras/dólares para la versión profesional. Pero puedes descargar una aplicación doméstica viable por mucho menos, especialmente si comparas precios.

En general, se acepta que las versiones no son tan fáciles de usar como los equivalentes de Windows. Los expertos recomiendan que los usuarios de Mac compren una versión de Windows y la ejecuten en un software de emulación.

Recientemente comencé a usar una aplicación en mi teléfono celular, que es una suscripción. servicio y bastante caro (alrededor de £ 100 al año). También hay una versión para todos los tipos de sistemas operativos.

Muchos 'expertos' me dicen que es una pérdida de dinero, pero no estoy de acuerdo: se adapta bien a mis propósitos. A veces puedo recitar una escena mientras estoy caminando o en el supermercado. Debido a que se adapta a mi forma de hablar y me permite cargar directamente en mi escritorio, supera a casi todas las alternativas más económicas.

Pros y contras del dictado

Muchos autores me dicen que el dictado les ahorra una gran cantidad de tiempo y les permite escribir mucho más rápido de lo que podrían escribir a máquina. Otros dicen que no pueden acostumbrarse en absoluto.

Hasta que te acostumbras a dictar, se siente torpe. Para mí, tener que hablar toda la puntuación es la parte más difícil.

O lo era hasta que me di cuenta de que no era vital recordar puntuar cada pequeña coma, punto y salto de párrafo. El objetivo de escribir rápidamente sin parar es escribir tantas palabras como sea posible. Las correcciones que hagas después son parte integral de la experiencia de escritura, por lo que si te saltas una coma o un signo de interrogación aquí o allá, no es el fin del mundo.

Es difícil argumentar en contra del dictado cuando se observa la cantidad de palabras que es posible producir. Los mecanógrafos, incluso los que tienen bastante fluidez como yo, producen entre 100 y 120 palabras por minuto. Cuando estoy dictando, esto sube a 140 o más. Sé que autores prolíficos son capaces de escribir 160 palabras por minuto Todo lo que puedo decir es "¡Guau!"

El dictado exitoso parece ser una cuestión de relajarse y entrar en un estado de ánimo en el que las palabras surjan de forma natural y en el orden correcto.

. . .

Si, como la mayoría de los autores, puedes dictar tu libro cómodamente, genial. Puedes terminar con dolor de garganta, pero es mucho menos probable que contraigas RSI, que puede ser una gran maldición para los escritores.

5

El Después

La gran limpieza

Si eres como yo, cuando escribas la última palabra de la última oración de la última página, sentirás una gran sensación de logro.

Me gusta premiarme con un pequeño capricho: un pastel o una copa de algo agradable, pero trato de no dejarme llevar demasiado. Todavía queda más por hacer. Ahora es el momento de cambiar tu sombrero de autor por uno que diga 'editor'.

Edición del contenido

. . .

Para encontrar los aulladores obvios que aún podrían persistir, comience con el corrector ortográfico y gramatical de tu computadora. Algunos errores como las palabras incorrectas (meat para conocer, rojo para leer, por ejemplo) están fuera de tu alcance y tendrás que confiar en tus propias habilidades para detectarlos.

Trata de encontrar el tiempo para leerlo todo en voz alta. Esta es una excelente manera de detectar errores tipográficos y esas palabras adicionales que normalmente podrías pasar por alto. Si tienes un amigo alfabetizado al que puedas leerle, eso podría ser aún mejor.

Hay varios correctores ortográficos y gramaticales en línea que puedes consultar. Casi todos serán mejores y más sofisticados que el software de escritura de tu computadora. Muchos de ellos vienen con versiones 'lite' gratuitas.

Tuve motivos para usar las versiones pagas de muchas de las aplicaciones, y ambas encontraron errores en el texto que pensé que estaba "limpio". La desventaja es que resaltan docenas de posibles errores y, debido a que un programa en línea nunca puede saber lo que quieres decir, te pide que los revises. Aunque esto puede ser muy completo, todo lleva tiempo. Depende de ti llegar lejos, si quieres ir por este camino.

. . .

Una vez que hayas hecho las cosas simples, es hora de sacar tus 'armas pesadas'.

Cómo editar

Creo que es mejor editar un capítulo a la vez. Empieza por el principio del libro y léelo. Corrija cualquier error tipográfico y otros errores que encuentre y toma nota mental de lo que está sucediendo en la historia. Si encuentras una inconsistencia en la historia o en los personajes, no te limites a hacer una nota mental: anotalo.

Continúa leyendo el libro. No te apresures, pero al mismo tiempo, intenta leer el texto como lo harías si estabas leyendo la novela de otra persona.

Cuando llegues al final, deberías tener una idea de cualquier cosa que esté mal. Ponlo bien. Después de haberlo corregido, tu novela está prácticamente lista para funcionar…

Corrección de pruebas

. . .

Esta es la lectura final. Después de agregar cualquier contenido nuevo y resolver los problemas de la historia y los personajes, regresaré y lo leeré todo nuevamente.

Esta vez solo me permito cambiar lo que sea absolutamente necesario. No se permiten ajustes menores.

Algunos autores tratan esto como un 'sprint de escritura'. Aunque te recomiendo enfáticamente que apagues tu correo electrónico, teléfono inteligente, etc., antes de comenzar a editar, creo que tratar de acelerar esta última lectura puede ser contraproducente.

6

La Edición Final Y La Corrección De Pruebas

Aunque ya has pasado por el texto con un peine de dientes finos, tiene sentido que tu libro sea revisado por un profesional. No hay nada como una gran cantidad de errores tipográficos para resaltar las reseñas de una estrella.

Ya sea que gastes dinero en una edición externa, es totalmente tu elección. Si tienes una educación razonablemente buena, sabes de gramática y cosas por el estilo, y el inglés es tu primer idioma, puedes pensar que puedes hacer un buen trabajo por tu cuenta.

Me parece bien. Por otro lado, es posible que no desees "estropear el barco por una tonelada de alquitrán" (para citar el viejo dicho). En lugar de publicar un libro que aún podría estar lleno de errores y lagunas en la trama, debería considerar contratar a un corrector o corrector de pruebas.

. . .

Muestra tu libro a alguien alfabetizado en quien puedas confiar para que te dé una respuesta directa y pídele tu opinión honesta. Nunca se sabe, ¡incluso podrían hacer el trabajo por ti gratis!

¿Cuál es la diferencia entre un editor y un corrector?

Tradicionalmente, un corrector de estilo es un experto en gramática y narración de historias, que puede sugerir cambios tanto en lo que dice como en cómo lo dice.

Corrigen los tiempos verbales y hacen preguntas molestas como: ¿Es realmente necesario este personaje? ¿Por qué no llamó a la policía? Cosas como esas.

Un corrector es alguien que erradica todos esos molestos pequeños errores y errores tipográficos. ¿Está tu cerebro lo suficientemente sintonizado como para permitirte corregir tu propio libro? Algunas personas lo son, pero la mayoría no lo son. Aquí hay un consejo: si notó la duplicación de 'y' en la primera oración de este párrafo, podría tener una oportunidad como corrector de pruebas.

. . .

Hoy en día, los dos roles a veces se combinan, lo que tiene sentido.

Por lo general, me gusta usar un editor/corrector externo para obras de ficción. Estos tipos son profesionales que tienen mucha menos conciencia cuando se trata de matar a esos 'queridos' de los que hablo.

¿Cómo encontrar un editor?

Una forma es hacer una búsqueda en Internet de 'editor de novelas románticas' o 'corrector de novelas de misterio' (o cualquiera que sea su género) y ver qué aparece. Tienes que encontrar editores que tengan experiencia en tu campo y que vengan con algún tipo de recomendación.

Ten cuidado con quién empleas. Sugeriría que la calificación mínima incluyera inglés como primer idioma y alguien con referencias comprobables de autores satisfechos.

Desconfío mucho de la gente, así que se sabe que al revisar el sitio web, estos autores realmente existen.

Antes de encontrar el editor que uso actualmente, probé varios que encontré en línea. La mayoría estaban bien, un par estaban bien, pero uno era terrible. Irónicamente, ¡el terrible cobró más!

Para evitar molestos problemas de formato, ten en cuenta la compatibilidad del software antes de contratar a alguien. Es más fácil trabajar con personas que usan el mismo software que tu.

Otra consideración es la compatibilidad en los sistemas operativos de las computadoras. Trabajo en un sistema operativo de la manzana y solo empleo editores que lo hagan en el mismo sistema. Obviamente, lo contrario se aplica si ejecutas algún otro software en una PC.

Formateo

Asumamos que tu libro ahora estás completamente editado. Antes de poder cargarlo en algún lugar o en cualquiera de las otras plataformas de publicación, deberás formatearlo. En el caso de la tienda de una de las plataformas de compra en línea, se trata en gran medida de asegurarte de que la configuración de los párrafos y títulos sea coherente y de dejar una página en blanco antes de cada nueva sección o capítulo.

. . .

La misma página proporciona una gran cantidad de información gratuita sobre lo que están buscando, y una vez que aprendes a hacerlo, es bastante fácil. Siento seguir hablando, pero solía usarlo (junto con el shareware) para formatear mis libros electrónicos.

Reduce el proceso a poco más de un par de clics, lo que atrae mi falta de conocimientos técnicos.

Estoy pensando en escribir un libro sobre cómo lo hago.

El formateo para (los libros en línea e impresos) y otras plataformas de publicación es algo que puedes subcontratar de manera segura por unos pocos dólares. Amigos míos han pagado unos miserables $5 para formatear sus libros en un sitio web.

No entiendo por qué alguien debería hacer todo ese trabajo por $5, pero aparentemente lo harán. Si el proceso no se realiza de acuerdo con sus exigentes estándares, entonces solo tiene un pago inicial de $5. Lo más probable es que puedas solucionar el problema tú mismo con unos pocos clics, o pagar $5 a otra persona para que lo haga por ti.

Uso las plantillas del software para hacer todo hermoso. Luego reviso para ver cómo se verá el libro en varios dispositivos, incluso como un libro de bolsillo impreso. Luego exporto archivos de varios formatos y los subo a las tiendas.

7

La Importancia Del Diálogo

No existen dos escritores iguales. Tenemos diferentes estilos, diferentes rutinas y diferentes ideas.

Si podemos estar de acuerdo en algo, es que los escritores deberían escribir, no pasar el tiempo leyendo sobre escribir. Es por eso que mantengo estas guías lo más concisas y precisas que puedo.

Cuantas menos tonterías, mejor La simple verdad es: el diálogo puede hacer o deshacer cualquier obra de ficción.

Una mala historia se puede mejorar por un diálogo chispeante.

. . .

Al mismo tiempo, una gran historia puede descarrilarse por un diálogo forzado y aburrido. Cómo escribir diálogos que brillan es para cualquiera que necesite un poco de ayuda para escribir un discurso ficticio. Casi todo lo que he aprendido proviene de otros escritores. Ideas, técnicas y consejos que nos pueden ayudar a todos.

No importa si estás escribiendo una novela, un guión o cualquier otro tipo de ficción. El diálogo es el diálogo. Para ahorrar tiempo, no seguiré refiriéndome a escribir para novelas y/o escribir para guiones u obras de teatro: tomémoslo todo como leído.

¿Cómo puedo ayudarte a escribir diálogos que suenen bien?

Tengo dos títulos como entrenador de redacción. En primer lugar, he sido escritor profesional durante casi cuarenta años. He aprendido de manera difícil lo que funciona y lo que no.

Más importante aún, me enseñaron las diferencias entre los buenos y los malos diálogos cuando trabajé como editor y editor.

. . .

Durante los veinte años intermedios, he asistido a la mayoría de los cursos relevantes, leído montañas de libros de texto y he estado sujeto a tantos ejemplos de malos diálogos, empezando a decir que el diálogo es la sangre vital de toda ficción.

Hasta el mejor diálogo puede romperse. Lo peor es indescriptiblemente doloroso. El diálogo no tiene que ser elegante o demasiado inteligente para dar en el clavo. De hecho, por lo general es mejor mantenerlo simple. Aquí hay un ejemplo publicado en 1941:

Hacía calor en el andén y noté que me sudaba bajo los brazos. Le mostré mis maletas al redcap y llamé un taxi. El tren empezó a salir de la estación, la locomotora arrojando vapor sobre un camión de equipajes. Le di dos monedas al redcap y subí al taxi. Tenía un cartel que decía: Cualquier lugar de la ciudad-50c. El conductor no se molestó en cerrar la puerta.

"¿A dónde?"

"¿Algún hotel refrigerado por aire?"

"¿En este burgo?"

El conductor resopló. "No. Hazme reir."

"¿Cuál es uno bueno entonces?" Ahí está el Bosque Verde. El conductor giró alrededor y entrecerró los ojos hacia mí. O el Arkadi.

"¿Cual es el mejor?"

"Los bateristas usan el Greenwood".

"Llévame al Arkady."

. . .

Con sólo ocho líneas de diálogo, el autor transmite información sobre la ciudad y el pasajero de una manera entretenida, es fácil de leer y no hay una sola palabra desperdiciada.

Por otro lado, aquí hay un ejemplo de diálogo virtualmente libre de crujidos (no tienes que leerlo todo si te duele demasiado):

¡Caramba! Ojalá pudiera olvidarme del mono. Probablemente haya una historia intrigante al acecho en alguna parte, pero lamentablemente, el diálogo no anima a nadie a seguir leyendo y averiguar qué sucede a continuación.

¿Por qué el diálogo es tan importante?

Digamos que estás en tu librería favorita, hojeando los libros de bolsillo. O tal vez esté en línea, haciendo uso de la función 'Mirar adentro'. La mayoría de nosotros echamos un vistazo a las primeras páginas, leemos el primer párrafo o dos y hojeamos el resto.

Se ha demostrado que es más probable que la gente compre una novela si las páginas no están repletas de texto. Les gusta ver mucho espacio en blanco, incluso en un libro electrónico. Por lo general, significa que hay un montón de diámetro.

. . .

Como dijo Jeremiah en la última de sus Diez reglas de escritura:

Piensa en lo que te saltas al leer una novela: párrafos gruesos de prosa que puedes ver que tienen demasiadas palabras. Lo que el escritor está haciendo, está escribiendo, perpetrando hooptedoodle, tal vez tomando otro tiro en el clima, o se le ha metido en la cabeza del personaje, y el lector sabe lo que está pensando el tipo o no le importa. Apuesto a que no te saltas el diálogo.

Repetiré la última línea: apuesto a que no te saltas el diálogo.

El tiene razón. Así de importante es el diálogo. Es importante en las novelas, más aún en el cine y en el teatro.

Escribe buenos diálogos y la gente creerá que eres un genio. Hazlo mal y dejarán de leer y te abandonarán para siempre.

Será un alivio saber que ese maravilloso diálogo no es tan difícil de escribir como afirman muchos escritores. Siempre que conozca los conceptos básicos y pueda obtener un consejo o dos, estará bien. El único ingrediente 'mágico' es la perseverancia. Cuanta más práctica pongas, más fácil lo encontrarás.

Como dijo una vez un golfista muy famoso: Estaba practicando en un búnker en Texas y este buen viejo con un gran sombrero se detuvo a mirar. El primer tiro que me vio pegar entró en el hoyo.

Él dijo: "Tienes 50 dólares si golpeas el el siguiente en entrar." Agujereé el siguiente. Luego dice: "Obtienes $100 si metes el siguiente".

En ella se fue por tres seguidas. Mientras quitaba los billetes, dijo: "Vaya, nunca he visto a nadie tan afortunado en mi vida".

Y respondí: "Bueno, cuanto más practico, más suerte tengo".

¿Por qué muchos escritores necesitan arreglar sus diálogos?

Sospecho que estás aquí porque no estás contento con tu diálogo. Bien, te puedo ayudar. No te preocupes: hay muchos autores superventas que no pueden escribir diálogos para salvar sus vidas.

Incluso la obra de ficción más apasionante puede ser arruinada por pasajes de diálogo superfluo. Aquí hay un breve párrafo para mostrar lo que quiero decir:

Me alegro de poder hacer mi cambio, ya que me da algo en lo que concentrarme que no es Chris Gray. Estamos ocupados: es el comienzo de la temporada de verano y la gente está redecorando sus hogares. La señora Durant parece aliviada de verme.

"¡Adriana! Pensé que no lo ibas a lograr hoy". "Mi cita no tomó tanto tiempo como yo pensaba. Puedo hacer un par de horas". "Estoy muy contento de verte".

Ella me envía al almacén para comenzar a reabastecer los estantes, y pronto estoy absorto en la tarea.

Este es un subcapítulo completo en uno de los libros más vendidos de los últimos años. El diálogo en esta escena no sirve para nada. El lector ya sabe todo lo que se dice. No es gracioso, no es dramático. Francamente, solo está ocupando espacio.

. . .

No me estoy metiendo con la Sra. Joyce individualmente. Hay cientos de otros ejemplos que podría haber elegido de novelas de muchos escritores diferentes. Puede ser reconfortante saber que incluso los autores más importantes a veces pueden equivocarse, pero no lo use como excusa.

Es tu deber para con tus lectores hacer que la ficción que escribes sea tan buena como te sea posible.

Un error común es suponer que a los lectores les divierte la conversación ingeniosa y la aceptarán por sí misma. Eso simplemente no es cierto, me temo. A menos que el diálogo ayude a la historia de alguna manera, los lectores no lo quieren.

Al ayudar a la historia quiero decir:

1. Avanzando en la trama,
2. Revelar un rasgo de carácter importante, o,
3. Agregar suspenso o misterio.

El diálogo solo debe aparecer en su novela o guión siempre que obtenga al menos una marca de esa lista. También debe ser fácil de leer. Te mostraré cómo hacer esto a medida que avanzamos.

¿Qué es el diálogo?

. . .

El diálogo avanza una historia a través del discurso, a menos que el autor esté destacando un punto sobre un personaje en particular, el diálogo nunca debe ser una cháchara sin sentido. Para ganarte tu lugar en la página, cada palabra de cada conversación debe tener un propósito.

Los lectores elogian a otros autores por su diálogo "realista". Estos muchachos son aún más hábiles de lo que muchos de nosotros pensamos. Han dominado el arte de escribir diálogos que suenan realistas pero que en realidad son todo lo contrario.

En nuestra vida cotidiana, la gente literalmente habla sin sentido. Ellos 'um' y 'ah', comienzan en falso y no terminan sus oraciones. Usan las palabras equivocadas y no hablan con claridad o coherencia. Nuestros cerebros están programados para tener todo eso en cuenta, por lo que generalmente no nos damos cuenta cuando está sucediendo.

Si tu eres el tipo de persona que disfruta y aprende de los ejercicios prácticos, copia una conversación que escuches en una tienda, en un tren o en una cafetería. A menos que te hayas topado con un grupo de oradores inusualmente convincentes, pronto verás lo que quiero decir.

Los escritores experimentales siempre intentan incorporar discursos de la vida real en su ficción y fracasan miserablemente. Incluso hay una broma al respecto sobre una novela victoriana sobre escritores de hackers.

En el mundo real, las personas hablan como si nada, diciendo lo primero que se les ocurre. Como resultado, es invariablemente incoherente, repetitivo y bastante aburrido. No hay lugar para el aburrimiento en la ficción, por lo que tenemos que inventar un tipo de discurso diferente y mejorado. Uno que suena natural pero no lo es. Eso es lo que llamamos diálogo.

Incluso los discursos citados en los periódicos y en los libros de "no ficción" son en gran medida novelados. Las entrevistas están muy manipuladas para hacer que el entrevistado parezca "normal" y, a veces, incluso inteligente.

Te daré un ejemplo rápido. Hace muchos años, cuando trabajaba para una revista en Londres, pasé dos horas entrevistando a una gran estrella de la grabación que permanecerá en el anonimato. Este es un párrafo de muestra de un discurso citado que apareció en el artículo terminado:

"Amo mi vida. Es mucho trabajo, pero no lo cambiaría por nada. Girar, especialmente. Puedes cansarte mucho [improperio eliminado], pero cuando estoy en ese escenario... Hombre, qué ¡zumbido!"

. . .

Mirando hacia atrás en la transcripción de la cinta que usé para grabar la conversación, puedo ver que realmente dijo (sustituyendo voltear por la palabra que realmente usó):

"Me encanta mi trabajo, mi vida, hombre. De verdad. Me despierto... Es un trabajo duro... pero me despierto...

Trae más café aquí, ¿quieres? Y una botella de ron. Estoy pagando, hombre. ¿Dónde estaba? [Confuso] Oh, sí, es mejor que digas que es una vida dura, muy agotadora y todo eso, especialmente cuando estás de gira y esas cosas. Cuando estoy en el escenario ... Una vez que subo a ese escenario... Hombre, qué zumbido es".

Si hubiera puesto eso en el artículo terminado, palabra por palabra, nadie me lo hubiera agradecido. No mi editor, y ciertamente no el músico que entrevisté, o su equipo de relaciones públicas.

Al entrevistar a celebridades, la clave es transmitir el espíritu de lo que están diciendo en una manera que suena como si fueran ellos quienes lo dicen. Los personajes ficticios tienen mucha suerte. Mientras que la gente común normal tiene que pensar y hablar en tiempo real, los autores pueden reflexionar sobre cada palabra que sale de la boca de sus personajes hasta que sea exactamente lo que necesitan decir. Nada más y nada menos. El único inconveniente es que no hay excusa para escribir diálogos aburridos.

. . .

Cada vez que los lectores toman una nueva novela o se sientan a ver una película desconocida, quieren entretenerse. Esa es la conclusión.

Se darán cuenta de que los zombis y los vampiros en realidad no existen, que los asesinos en serie son raros en la vida real y que las posibilidades de encontrar una isla poblada por dinosaurios son bastante improbables; pero, a efectos de entretenimiento, están preparados para permitir estas y muchas otras posibilidades.

El lector le dará el beneficio de la duda en la mayoría de los casos. Estarán ansiosos por aceptar que su diálogo inventado es realmente realista. Al abrir un libro o encender el tu libro electrónico, el lector te ha pedido que lo entretengas. Siempre que tu diálogo se encuentre dentro de parámetros amplios, estará bien.

El diálogo ficticio siempre debe ser mejor que el real

Escribir buenos diálogos es como hacer magia. Estás engañando al lector haciéndole creer que tus personajes hablan como personas reales. En realidad, no es nada como eso.

Una causa común de queja de aquellos que no están involucrados en la ilusión de la ficción son las personas 'groseras' en las películas que nunca se despiden antes de colgar el teléfono.

Del mismo modo, nunca cierran sus puertas, hacen cola para tomar un café o tienen que caminar cualquier distancia.

La buena ficción consiste en contar una historia y eliminar las partes aburridas. Es un hecho que el día de todos implica baños, duchas, funciones corporales y comidas, por lo que no necesitamos verlo. La única excepción es cuando hay algo que destacar, como una bomba en el pedestal o un almuerzo familiar lleno de acontecimientos.

La ficción ofrece una versión amena y abreviada de la vida real. Todas las brocas perforadas tienen que ser removidas quirúrgicamente. Tiene que ser lo mismo con el diálogo. Olvídate de cualquier idea de emular cómo la gente realmente habla. Apunta a escribir diálogos de esa forma en que hablarían si tuvieran tiempo para pensar en ello y editar lo que están diciendo.

. . .

Los siguientes dos capítulos abordan los aspectos prácticos de la escritura de diálogos.

¿Quién está hablando?

Es vital que el lector sepa cuál de los personajes está hablando en un momento dado.

La forma más fácil de decirles es usar etiquetas y ritmos (a veces llamados ritmos de acción). Las etiquetas incluyen cosas como él dijo, ella dijo, él gritó, Tim dijo, Michelle preguntó, etc.

Los tiempos son cuando una acción reemplaza una etiqueta. Por ejemplo:

Mikaela se levantó y se aclaró la garganta. "Disculpe, su señoría. Puede que no sea un abogado elegante, pero tengo mucho que decir sobre cómo el acusado ha sido llevado a esta sala del tribunal". El juez Jeffrey golpeó su mazo con enojo. "Siéntate y cállate, jovencita".

No es una buena práctica usar una etiqueta y un ritmo en la misma línea. En el primer ejemplo, podría haber sido tentador escribir:

Mikaela se puso de pie, se aclaró la garganta y dijo: "Disculpe, su señoría. Puede que no seas una abogada elegante, pero tengo mucho que decir sobre cómo el acusado ha sido llevado a esta sala del tribunal".

. . .

No hubiera estado mal escribir eso, solo un poco torpe. Siempre es una buena práctica evitar agregando 'clunks' que sacuden al lector e interrumpen el flujo de su lectura.

Soy un gran creyente en escribir con moderación, por lo que solo trato de usar etiquetas y ritmos cuando no hay otra forma de identificar al orador. Si es obvio quién está hablando, puedes omitirlo por completo. El siguiente intercambio tiene lugar en un aula de la escuela:

"Disculpe, señora Jenner", dijo Tim Bush.

"¿Existen cosas como los dragones?" "No seas tonto, Tim. Todos los dragones murieron hace cientos de años".

En este ejemplo, es obvio que la Sra. Jenner está respondiendo la pregunta del niño, así que no hay necesidad de decirlo. Incluso si hubiera estado presente más de un maestro, el lector habría asumido correctamente que la Sra. Jenner estaba hablando, porque la pregunta estaba dirigida a ella. Si otro maestro se hubiera entrometido, podría haber escrito:

"Disculpe, señora Jenner", dijo Tim Bush. "¿Existen cosas como los dragones?"

. . .

El señor Stuart se puso de pie. "Si me permite, señora Jenner. No, Tim, me temo que todos los dragones fueron asesinados hace mucho, mucho tiempo".

También notará que el Sr. Stuart no usó las mismas palabras que la Sra. Jenner. Eso es porque son dos personajes diferentes. Es probable que un hombre de cincuenta años le hable de manera diferente a una mujer joven de veintitantos años. Veremos cómo hablan los diferentes personajes con más detalle más adelante.

Aunque bastantes autores exitosos parecen encaprichados con ellos, otra regla que mantengo es…

Evita las etiquetas decorativas

El término 'etiquetas decorativas' cubre dos pecados. El primero es usar verbos distintos a 'dijo' y 'pidió' para indicar quién está hablando. El segundo pecado ocurre cuando un autor agrega un adverbio a la etiqueta, 'Dijo sin esperanza'.

Hay un escritor es muy directo sobre el uso exclusivo de la palabra 'dijo' para indicar el habla. Su argumento es persuasivo:

"La línea de diálogo pertenece al personaje; el verbo es

el escritor metiendo la nariz. Pero dicho es mucho menos intrusivo que gruñó, jadeó, advirtió, mintió".

Personalmente, no soy tan estricto como él. De hecho, creo que demasiados 'dichos' pueden chocar tan mal como las alternativas. No me importa leer 'preguntado' cuando se usa apropiadamente. Incluso aceptaré los ocasionales 'susurrado', 'gritado', 'llamado' y 'gritado', porque tienen un propósito específico, que es indicar volumen.

No soy tan indulgente cuando leo 'él gruñó' o 'ella explotó'. No es tan malo como torpe. Distrae de la historia y no tiene mucho sentido. ¿Realmente has escuchado alguna vez a alguien gruñir sus palabras? En el capítulo 83 de un libro muy famoso, se escribió:

"Los Caballeros Templarios eran guerreros", recordó.

¿Recordado?

Eso suponiendo que todos los presentes supieran que los Caballeros Templarios eran guerreros en primer lugar, lo cual es una suposición bastante descabellada.

No se detiene ahí. Una ojeada a dos de las novelas recientes muestra que sus compañeros insistieron, exigieron, croaron, tartamudearon, se burlaron, presionaron, suplicaron, anunciaron…

. . .

Personalmente, usaría muy pocas, si es que alguna, de estas etiquetas en mis propios escritos. En un mundo ideal, las palabras del diálogo deberían hablar por sí mismas. El personaje que se supone que tartamudeó en realidad dijo:

"Ya te lo dije", tartamudeó el curador, arrodillándose indefenso en el suelo de la galería.

Creo que hubiera sido mejor haber escrito diez:

"Ya te lo dije", dijo el curador, arrodillándose indefenso en el piso de la galería.

Said es invariablemente la opción más segura. Puedes usarlo legítimamente en cualquier etiqueta, incluso en lugar de ask. A menos que tengas una razón creativa legítima para hacerlo (y no puedo pensar en ninguna), no querrá llamar la atención sobre los aspectos "detrás de escena" de su novela, especialmente las etiquetas y los ritmos.

Pienso en el cisne deslizándose con gracia por el lago. Su progreso parece fácil y, sin embargo, debajo de la superficie, sus piernas se están volviendo locas. Del mismo modo, deseas que tus lectores se concentren en la historia que estás contando sin abofetearlos con la torpeza de que ella suplica y él reconsidera.

. . .

Agregar un adverbio a una etiqueta es tan malo como el verbo torpe. Además de las razones que ya expliqué, los adverbios no cumplen la regla principal en la ficción del espectáculo no lo digas. Por ejemplo, hacer que alguien diga: "Ojalá estuvieras muerto", no se envenena más al agregar la etiqueta, dijo con dureza. En mi opinión tiene el efecto contrario y solo sirve para reducir el impacto de las palabras y agregar ruido innecesario. Le daré la última palabra sobre el tema:

Nunca use un adverbio para modificar el verbo 'dijo', advirtió gravemente. Usar un adverbio de esta manera (o casi de cualquier manera) es pecado mortal. El escritor ahora se expone en serio, usando una palabra que distrae y puede interrumpir el ritmo del intercambio.

Di quién habla lo antes posible

A veces puede ser confuso para un lector cuando alguien comienza a hablar al comienzo de un capítulo o después de alguna otra acción. Comprensiblemente, a la gente le gusta saber quién está hablando mientras lee el diálogo. En esta situación, le insto a que abra con un ritmo o rompa la primera oración al principio para agregar una etiqueta.

Algo como esto:

Dilan fue el primero en hablar. "¿Qué piensan los dioses, Poderosos? ¿Están satisfechos con lo que hemos logrado este día?"

O...

"¿Qué piensan los dioses, Poderoso?" dijo Dilan. "¿Están satisfechos con lo que hemos logrado este día?"

8

La Forma Correcta De Formatear El Diálogo

MUCHOS ESCRITORES CREEN que ya conocen las 'reglas' de formato de diálogo que se les enseña en la escuela o la universidad. En realidad, muy pocos lo sabemos todo y, de todos modos, las cosas cambian todo el tiempo.

La web ha abierto el mundo y algunas convenciones han tenido que adaptarse para adaptarse a la nueva audiencia global. Le recomiendo enfáticamente que no se salte nada en este capítulo. Sé que tuve un par de sorpresas a la hora de investigarlo.

Como hemos visto, el uso de etiquetas y ritmos es una manera fácil de mostrar al lector quién dice qué y cuándo.

. . .

Otras formas de hacerlo incluyen el uso correcto del formato y puntuación.

He leído pasajes de novelas escritas por autores muy conocidos que han adoptado un estilo fluido de discurso informativo. Una era una serie de secuencias de sueños que me confundieron tanto que finalmente tuve que abandonar el libro. Si el lector tiene que dejar de leer para darse cuenta de lo que sucede en el diálogo, entonces, para mí, el autor ha fallado gravemente.

El surgimiento de las librerías en línea significa que muchas de las antiguas variaciones regionales de estilo han desaparecido, especialmente las aplicadas a los angloparlantes. Por ejemplo, solía darse el caso de que las novelas en el Reino Unido y Australia usarán comillas simples para el estilo indirecto. En los EE. UU., siempre han sido comillas dobles. Estoy seguro de que la mayoría de los lectores nunca notaron que había una diferencia.

El auge de los libros digitales ha convertido las comillas dobles en la norma mundial. Como esto:

"Hola, Diana", dijo Liam. "Tienes buen aspecto", respondió ella.

Nueva línea

. . .

Cada vez que alguien habla, debes comenzar una nueva línea.

No importa si el orador simplemente dice 'Sí' o sí habla largo y tendido sobre la crisis de los Balcanes, la regla es siempre un orador por párrafo.

La dirección correcta:

"¿Te apetece un juego?" Jim dijo, irrumpiendo a través de la puerta de la biblioteca en sus tenis blancos. Levanté la vista de mi escritorio. "Ahora no, tengo trabajo que hacer." "Es un hermoso día. podría estar lloviendo mañana."

La forma incorrecta:

"¿Te apetece un juego?" Jim dijo, irrumpiendo a través de la puerta de la biblioteca en tenis blancos. Levanté la vista de mi escritorio y dije: "Ahora no, tengo trabajo que hacer".

"Es un hermoso día. Podría estar lloviendo mañana".

Seguir la regla de la nueva línea es bastante sencillo cuando tienes una conversación bidireccional.

. . .

Cuando tres o más personas están hablando, es un poco más complicado, pero siempre que cumplas con la regla de Nueva línea y uses las etiquetas e indicadores correctos, estarás bien.

Es importante que termines cada oración hablada con algún tipo de puntuación. Cuando se usa una etiqueta (como él dijo, ella preguntó) después del discurso, la oración termina con una coma, como en el ejemplo anterior. Si es una pregunta, la pones entre comillas en lugar de una coma, nunca ambas. La misma regla se aplica a los signos de exclamación.

Los únicos signos de puntuación utilizados en el diálogo son:

- **Punto/Punto completo.** Solo debe usarse cuando hay varias oraciones entre comillas o cuando no hay una tabulación después de la oración final.
- **Coma.** La forma más común de puntuación es el diálogo. La siguiente sección explica cuándo se debe usar una coma y cuándo debes usar un punto/punto. Signo de interrogación. "¿Realmente necesitas preguntar?"
- **Punto de exclamación.** Ve fácil con ellos. El único uso aceptado es para enfatizar el texto, nunca para señalar una broma u otro punto de interés.

- **Elipsis.** Se usa cuando las palabras de un hablante se pierden.

Nunca debes usar puntos suspensivos cuando el habla es interrumpido, ese es el trabajo de:

- **Double-dash/em-dash.** La señal de que alguien ha sido interrumpido en pleno flujo, así:

"Juro que ella estaba viva cuando yo-" "¡Silencio! He oído más que suficiente de ti."

El punto y coma (;) nunca debe usarse en un diálogo, simplemente porque nadie habla con punto y coma. Algunos entrenadores también sugieren prohibir el uso de los dos puntos (:), aunque tengo que decir que hay raras ocasiones en las que su uso puede estar justificado. Como en este intercambio:

"Pensemos en todas las razones por las que sacar a Jerry de la cárcel podría no ser una gran idea", dijo Mila.

"Está bien", respondió Jerry. "Adelante, entonces..."

"Primero, el grande: si nos atrapan, terminaremos en prisión con él".

. . .

Podrías sustituir los dos puntos por un punto, pero creo que usarlo significa que el hablante está a punto de decir algo obvio o que va a recitar una lista. Los dos puntos pueden sugerir un tono en la voz. Es un dispositivo útil, si eliges romper con lo tradicional e intentarlo.

¿Coma o punto/punto?

Si tienes una etiqueta que divide una sola oración del discurso, necesitas una coma al final de la primera oración, otra coma después de la etiqueta y terminar con un punto. Como esto:

"No me gusta la limonada casera", dijo Dean, "porque suele ser demasiado amarga".

Cuando la primera parte del discurso es una oración completa, pero hay más diálogo por venir, debes cerrar la etiqueta con un punto, como este:

"No me gusta la limonada casera", dijo Dean. "La mayoría de la gente no pone suficiente azúcar".

Solo palabras habladas entre comillas

. . .

Las comillas solo deben usarse para palabras que se pronuncian en voz alta. Los pensamientos de un personaje deben aparecer en cursiva.

Mike miró con añoranza la tierra que se extendía ante él.

Un día, todo esto será mío.

Si no quieres usar cursiva por algún motivo, puede usar una etiqueta en su lugar (pero aún sin comillas):

Mike miró con añoranza la tierra que se extendía ante él. Un día, pensó, todo esto será mío.

Pero no intentes usar ambos. Esto es incorrecto y parece torpe:

Mike miró con añoranza la tierra que se extendía ante él. Un día, pensó, todo esto será mío.

Citar discursos y títulos

De vez en cuando, tus personajes necesitarán reportar algo que alguien más dijo. Veamos dos ejemplos típicos:

"Me acerqué directamente a ella y le dije: '¿Sabes quién soy?'. Me miró raro y se echó a llorar". "¿Acabas de decir,

'Mara se está haciendo demasiado mayor para usar bikinis'?" Yo pregunté.

En términos generales, usa comillas simples dentro de comillas dobles, como en esos ejemplos. También se está volviendo cada vez más aceptable usar cursivas, como esta:

"Me acerqué a ella y le dije: ¿Sabes quién soy? Me miró de forma extraña y se echó a llorar".

"¿Acabas de decir que Mara se está haciendo demasiado mayor para usar bikinis?" Yo pregunté.

En los viejos tiempos de la publicación convencional, este tipo de formato habría estado mal visto, pero últimamente se ha vuelto bastante común. ¿Y por qué no?

Otra convención que está siendo cuestionada se refiere a los títulos de libros, películas, etc.

Esta regla también se aplica cuando se mencionan libros, películas y álbumes fuera del diálogo. Debes tener cuidado si tus personajes hablan sobre álbumes y canciones en el mismo discurso. ¿Pones en cursiva ambos, o solo uno, y pones comillas simples alrededor del otro? Puede parecer incómodo cuando comparten el mismo nombre.

. . .

No hay una regla dura y rápida. Normalmente vuelvo a cómo lo hacíamos en mi antigua editorial, que consistía en poner los títulos de las canciones entre comillas simples y los nombres de los álbumes en cursiva, como en el ejemplo que acabo de dar. Eso es solo una sugerencia, puedes tomar tu propia decisión editorial. Solo asegúrate de que el lector siempre esté al tanto de lo que estás diciendo. Reescribe, si es necesario.

¿Pronombres en mayúsculas o no?

Esto es algo con lo que solía tener problemas. Cuando agregas una etiqueta después de una pregunta o un signo de exclamación, el pronombre no debe escribirse con mayúscula.

Rompiendo un largo discurso

Hay ciertas ocasiones en las que un personaje tiene que pronunciar un largo discurso. La forma habitual de puntuar un monólogo es cortarlo en párrafos del tamaño de un bocado y omitir las comillas de cierre en todos menos en el último.

. . .

A veces prefiero usar acciones y reacciones de las personas presentes.

Haciendo el diálogo más interesante

El diálogo aburrido es horrible, pero hay uno o dos 'trucos' especiales que te ayudarán a animarlo. Lo más sencillo es insertar variedad. Para empezar, trata de evitar el patrón obvio de pregunta > respuesta, pregunta > respuesta, pregunta > respuesta.

Responde una pregunta con una pregunta

En la vida real, las personas suelen dar respuestas a cualquier pregunta que se les haga.

Puedes hacer que el diálogo sea menos predecible haciendo que sus personajes a veces respondan una pregunta con otra pregunta.

Cada conversación debe tener un propósito realista

En la vida real, a la gente no le gustan las conversaciones innecesarias. Ninguna persona en su sano juicio entraría en una tienda solo para charlar con el empleado. Tiene que haber una razón para que la gente hable entre sí.

Del mismo modo, el diálogo debe ser apropiado. Visita una tienda de ropa para comprar una camisa y la conversación que sigue estará limitada por las circunstancias. ¿Cuánto cuesta? ¿Qué tamaño? ¿Viene en otros colores?

Es posible que se intercambien sutilezas sociales, pero rara vez terminará discutiendo política o ventilando sus problemas financieros con la persona que lo atiende.

Hay excepciones, como en un bar, o cuando las personas se juntan en un largo viaje en tren o avión. Pero si alguien se acerca a un extraño en la calle y comienza a hablar, la primera reacción será preguntarse qué tan cuerdos están. Simplemente no lo hacemos.

Aunque la mayoría de nosotros disfrutamos de un buen chisme con amigos o familiares, la gente no se esfuerza por participar en conversaciones extrañas. Debido a que debes mantener tu ficción dentro de los límites del realismo, esto debe aplicarse con creces.

. . .

Es bastante común encontrar un cuervo de conversación prohibido en una novela o guión sin ninguna razón aparte de explicar algún punto complicado de la trama.

No se engañe pensando que los lectores no lo detectan de inmediato y lo encuentran discordante.

La gente (casi) siempre tiene una agenda

Los personajes generalmente entablan un diálogo porque quieren algo. Tendrán una agenda. El dueño del negocio en quiebra visitará o llamará al gerente del banco para tratar de obtener un préstamo. El detective visita a la vecina porque quiere saber qué pasó la noche del asesinato.

Un hombre tratará de engatusar a su novia para que se vaya el fin de semana por razones obvias. En la ficción, nunca puede ser una charla sin sentido.

Ocasionalmente, un personaje tendrá dos agendas. Si fuera soltero y necesitara abrir una nueva cuenta bancaria, podría elegir el Banco A porque la empleada de 'nuevas cuentas' es una mujer soltera y atractiva. Uno de mis motivos sería manifiesto (abrir el aire acondicionado cuenta), la otra escondida (invitándola a salir). A menudo, las partes en una conversación bidireccional esperan (o esperan) resultados diferentes.

. . .

Muy a menudo, las agendas de las partes están en conflicto directo entre sí, como un asesino y su víctima prevista; el padre de una adolescente y su nuevo novio; el oficial de caballería y el jefe nativo americano.

En una escena de interrogatorio, el objetivo del policía es atrapar al sujeto para que haga una confesión, mientras que el acusado podría querer convencer al policía de que no lo hizo. A menudo, la agenda de tu personaje no será tan obvia y tú tendrás que burlarte de él. Aquí es donde mi 'plan de tres puntos' resulta útil.

Mi plan de tres puntos

Antes de escribir una palabra de cualquier intercambio, averigüa exactamente lo que pretendes hacer. Tomo notas en un bloc de notas amarillo que tengo en mi escritorio, pero puedes usar notas adhesivas, una aplicación o cualquier otro método con el que te sientas cómodo. Lo hago a mano porque escribirlo así me ayuda a aclarar mis pensamientos.

Por lo general, un intercambio de diálogo es parte de una escena más grande. Para empezar, anotaré el objetivo general:

Saber tanto como sea posible sobre la escena y sobre los

motivos de los personajes hace que sea más fácil escribir un diálogo bueno y sólido. Como dijo una vez alguien muy famoso, 'El conocimiento es poder'.

En su forma más simple, los tres puntos en este ejemplo sería:

1. El propósito de la escena
2. La meta del personaje
3. La meta

Si otro personaje estuviera presente, digamos entonces se convertiría en un 'plan de cuatro puntos' para incluir también el objetivo de Mario. Para que el diálogo sea lo más interesante posible, debemos ser conscientes de lo que Mario busca en el intercambio. Puede ser algo tan básico como: Deshacerme de Julia, para poder almorzar con Tim, pero eso aún agrega una capa adicional bienvenida a la conversación.

Debo dejar en claro que el 'plan de tres puntos' se suma a la sinopsis detallada de la que hablé en Cómo escribir una novela de manera fácil. El proceso de construcción de un plan de tres puntos se hace aún más fácil simplemente cuando tiene una sinopsis detallada a partir de la cual trabajar. A menudo se 'escribirá solo' porque ya habrás resuelto la mayoría de los objetivos y motivos de los personajes.

Deja que el diálogo fluya

. . .

Cuando vengas a escribir diálogos, no te pongas tenso. Escríbelo exactamente como te venga a la cabeza. Simplemente escribe las palabras en el papel. Volverás a editarlo más tarde.

Encuentro que la mayoría de los intercambios entre personajes se escriben solos una vez que me he sumergido en mi historia y los conocí como personas.

La forma mejor y más fácil de capturar esa espontaneidad es simplemente dejar que los personajes hablen en tu cabeza. O, en voz alta, si lo prefieres (y no estás escribiendo en una cafetería). Idealmente, su cerebro debería estar en modo de espera: su función es registrar lo que dicen sus personajes con la menor cantidad de información posible.

Si no sientes ese tipo de sinergia con tus personajes, escribe las escenas lo mejor que puedas, luego vuelve más tarde y reescribe los pasajes cuando esté más en sintonía con los personajes de tu novela o guión.

Crear conflicto

Todo escritor sabe lo importante que es el conflicto en la estructura de la historia. Si necesita saber más sobre la trama y la construcción de una historia.

El conflicto ocurre cuando los personajes chocan con fuerzas opuestas. En su forma más básica, son todos los personajes de superhéroes, magos, entre otros que sabemos tienen su personaje principal y su villano.

El diálogo desprovisto de conflicto es básicamente una cháchara. El conflicto viene en todas las formas y tamaños. No tiene que ser enojado o belicoso. En su forma más leve, puede existir en una conversación entre dos amigos, uno de los cuales quiere hablar sobre una serie, el otro prefiere el béisbol. Aquí hay un ejemplo de un diálogo deslucido que está pidiendo a gritos que lo mejoren:

"He estado pensando, cariño. ¿De verdad quieres ir a la fiesta de mi oficina el viernes? Vienes todos los años y siempre terminas aburriendote tontamente. ¿Por qué no tienes una noche en la ciudad con las chicas, en cambio?" "No, Dean. Creo que debo venir. Se espera que las esposas de los ejecutivos hagan el esfuerzo". "No soy un ejecutivo, cariño. Asistente Gerente de Ventas, eso es todo".

"Aún así...

"Simplemente no quiero que te aburras. Sabes que no te gusta toda la charla de la tienda".

. . .

"No, entiendo lo que quieres decir. Es muy considerado de tu parte pensar en mí. Ven aquí y te daré un gran beso".

Correcto... bueno, no es terrible. La esposa se resiste discretamente al principio, pero cede demasiado rápido. A ver si podemos animarlo un poco:

"He estado pensando, cariño. ¿De verdad quieres ir a la fiesta de mi oficina el viernes? Vienes todos los años y siempre terminas aburriéndote tontamente. ¿Por qué no tienes una noche en la ciudad con las chicas, en cambio?" "¿Con qué? sabes que no tengo dinero. —Aquí tienes un billete de cincuenta. Sal y diviértete con tus amigos".

Geal tomó la nota y la dobló cuidadosamente cuatro veces.

"¿Qué está pasando, Dean?"

"¿Qué, qué... qué quieres decir?" "¿Qué estás haciendo? ¿Por qué no me quieres en la fiesta?"

"¿De qué diablos estás parloteando, mujer? Sólo estoy tratando de…"

. . .

"Sí, puedo ver lo que estás tratando de hacer. Quiero saber por qué".

La primera versión de este intercambio refleja lo que es más probable que suceda en la vida real. La esposa puede sospechar que su esposo tiene algún motivo oculto pero, a menos que no se lleven muy bien, es poco probable que lo diga. En la vida real, la mayoría de nosotros le damos a nuestros seres queridos el beneficio de la duda y hacemos todo lo posible para evitar conflictos.

En la ficción, lo contrario es cierto. Los argumentos son buenos.

Encuentra una razón para una discusión

Una buena manera de crear conflicto y agregar chispa a un intercambio de diálogo es lanzar una discusión. La vida del protagonista nunca debe ser fácil.

Por ejemplo, un hombre que intenta robar joyas usando un perro como tapadera, podría ser expulsado de la tienda porque no se permiten mascotas. Una pareja en un restaurante podría discutir porque él (o ella) encuentra el servidor atractivo y es lo suficientemente tonto como para decirlo.

. . .

Los mejores argumentos llegan cuando menos se los espera. En el siguiente intercambio del episodio piloto de la galardonada serie de televisión, el profesor de ciencias Waldo se ofrece a asociarse con su antiguo alumno, Duran. Anteriormente, como figura de autoridad, Waldo es dominante en la relación, pero cuando se desvían hacia el territorio de Duran (fabricación de metanfetamina), esto cambia de inmediato.

No es particularmente difícil encontrar conflicto en el diálogo entre traficantes de drogas, pero a menudo un escritor tiene que crearlo en las circunstancias menos prometedoras.

¡No vayas demasiado OTT!

Cuando estés escribiendo, siempre realiza un seguimiento de la escala de tiempo de tu trabajo. Aunque necesitas un diálogo chispeante, no quieres que se convierta en una serie de discusiones entre los personajes. Todo es cuestión de escala.

En la vida real, la gente tiende a tener discusiones bastante rápidas. Una persona explotará y la confrontación terminará en cuestión de segundos. Intenta evitar que eso suceda en tu ficción. Ve por la combustión lenta. No querrás que tus personajes estallen como fuegos artificiales a la menor provocación.

. . .

A menudo, tus personajes darán lo mejor de sí mismos, pero no todas las discusiones pueden terminar en una pelea en toda regla. Si lo hace, será tan predecible y aburrido como no tener ningún argumento.

Proda

Si has seguido mi consejo sobre escribir desde el corazón, tendrás un diálogo escrito que podría beneficiarse de una poda y un pulido juiciosos. Este será el capítulo más corto del libro, simplemente porque el mensaje central es: ¡corta, corta, corta!

El autor estadounidense acuñó la frase, mata a tus seres queridos. Lo que en realidad dijo fue: "Al escribir, debes matar a tus seres queridos". Otro amplió el sentimiento en su manual, Sobre la escritura, cuando agregó: "Mata a tus seres queridos, mata a tus seres queridos, incluso cuando te rompa el corazón de tu pequeño escritorzuelo egocéntrico, mata a tus seres queridos".

Este consejo literario se refiere a los peligros de que un autor use elementos favoritos personales. Si bien estos pueden tener un significado especial para el autor, pueden hacer que los lectores pongan los ojos en blanco por razones tales como:

- Prosa morada
- Abuso atroz de una palabra o frase

No importa lo bueno que creas que es un fragmento de diálogo, si no hace avanzar la historia, córtalo. Si te hace sentir mejor, cópialo en un archivo para uso futuro, aunque estoy dispuesto a apostar que nunca podrás reciclar ninguno de tus queridos sacrificados.

Saca las partes aburridas

Mientras sigo golpeando, el diálogo es mejor sin las partes aburridas. Eso significa que tenemos que seleccionar conversaciones y partes de conversaciones que representen lo que necesita nuestra historia. No menos y ciertamente no más.

Tal vez la historia incluye a dos detectives que tienen que hacer un viaje de seis horas para detener a un asesino. No necesitamos saber todo lo que dicen o hacen en el viaje, solo lo que mueve la historia.

Como ya hemos visto, es un hecho que nuestros personajes usarán el baño, dormirán y comerán. No hay necesidad de operar un comentario continuo de conversaciones con el cartero, la camarera del restaurante o el empleado de la estación de servicio. Los lectores no quieren repeticiones, comienzos en falso ni chismes tontos.

Hace casi 150 años, un autor escribió en su autobiografía:

La perspicacia crítica inconsciente de un lector es a la vez justa y severa. Cuando le llega a la mente un largo diálogo sobre asuntos extraños, inmediatamente siente que lo están engañando para que tome algo que no negoció aceptar cuando tomó esa novela. No requiere en ese momento política ni filosofía, pero quiere su historia.

En otras palabras, el lector no tolerará charlas fuera de tema, así que apégate a la historia. Si ha escrito una conversación de tres páginas 'gloriosamente divertida' que francamente no lleva la historia a ninguna parte, cortalas. Puedes ser reacio a perder toda esta 'gran escritura', pero créeme, tu historia será mejor sin el relleno.

Cuidado con la duplicación

Es fácil duplicar información sin darte cuenta de que lo estás haciendo. Elimina tales instancias en tu escritura y el lector te lo agradecerá.

Por ejemplo, cuando describes una escena de batalla sangrienta, no necesitas ningún diálogo posterior que repita lo que sucedió. A menos que haya diferentes puntos de vista que desee resaltar, decide qué escena funciona mejor y deshazte de la otra.

Confía en que tus lectores comprenderán información importante sin que tus personajes la repitan una y otra vez, como hacen muchos autores noveles. Si algún hecho o evento es realmente importante para tu historia, haz que alguien diga cuán importante es... pero solo una vez.

Atrapan a los espías tocando la misma pieza musical una y otra vez, eso es porque la repetición es realmente molesta. ¡Es aún más molesto cuando lo lees en ficción por la que has pagado!

9

Contar Una Historia A Través Del Diálogo

Una de las habilidades de escritura que es esencial dominar si quieres ser considerado un autor exitoso es la capacidad de transmitir información a través del diálogo. Realmente es una habilidad especial, porque una vez que experimentas el ¡Ajá! momento, nunca mirarás hacia atrás.

Todo es cuestión de equilibrio. Si te equivocas demasiado por el lado de la precaución, el lector no obtendrá suficiente información y terminará confundido. En el otro extremo, tenemos una situación comúnmente conocida en los círculos de escritura como volcado de información, donde hay demasiados hechos que se arrojan.

Todos conocemos la expresión mostrar no decir, y es una buena manera de comportarse para los autores. Algunos escritores piensan que esto significa que no deberías dar información a través del diálogo.

Por el contrario, el diálogo es una de las mejores formas de revelar un punto de la trama o un rasgo del personaje.

Si existen formas más sencillas de transmitir información, utilizalas

Cuando la información que deseas transmitir es menos crucial para la historia, hay varias formas de presentarla. En lugar de tratar de meter cada pieza de información en un intercambio de diálogo, vea si no hay una manera más fácil de hacerlo. Por ejemplo, una forma un poco torpe pero efectiva de presentar y envejecer al bebé de un personaje sería decir algo como:

María llegó nerviosa. "Lo siento, llegué tarde, tuve que detenerme para alimentar a mi querida pequeña Hera de seis meses hoy".

O simplemente podría presentar al bebé en un par de palabras de descripción:

María llegó nerviosa. Hera, de seis meses, estaba atada a su pecho. "Lo siento, llego tarde".

Siempre suponiendo que necesitamos saber cómo se llama el bebé de María y qué edad tiene. Si no lo hacemos, déjalo afuera.

En el mundo real, la gente no le dice a cada uno otras cosas que ya saben

Una de mis quejas cuando leo ficción es cuando un personaje le dice a otro cosas que ya debe saber. Sabes a qué me refiero:

"No podía creer lo que veía. Estaba Jasper, quien todos sabemos que ha estado casado con Sara durante doce años y medio, atrevido como latón con otra mujer. Debe tener cincuenta si tiene un día, y la fulana, cuyo nombre que descubrí era Carina, acaba de graduarse de la universidad. ¡Te pregunto! Pobre Susan, debes haber oído que acaba de tener una operación de histerectomía en St. Joseph 's, y..."

Es casi tan malo como escribir:

"Como sabes, tu nombre es Diego, y eres un abogado que gana trescientos cincuenta dólares al año, estás casado con Kate y..."

Simplemente no lo hagas.

Busca otras formas de impartir la información. Un dispositivo útil es traer a un personaje de afuera, alguien que necesita que le expliquen todo. Siempre que tengas cuidado y uses este dispositivo con moderación, puede funcionar bien.

Haz que tus personajes digan lo mínimo que necesitan

Estrechamente relacionado con "decirle a la gente lo que ya sabe" están los personajes que agregan información superflua a su discurso. A menos que estés buscando un efecto cómico o dramático, nadie en la vida real o en la ficción diría (o debería) jamás decir algo como este:

"Pasé la tarde en la iglesia. Fue construida en 1612, al estilo medieval francés." "Pasé la mañana haciendo jogging. Subió corriendo la colina, a 2,068 pies de arriba a abajo, si cuenta la altura de la terraza. Si no lo hace, son solo 2,036 pies".

La gente rara vez ofrece información superflua en la vida real y eso es algo de lo que tus lectores estarán conscientes. Aparte de cualquier otra cosa, suena torpe y artificial. Un consejo que descubrí para hacer que este tipo de cosas funcionen es tener un pedante del otro lado de la conversación. Como esto:

"Pasé la tarde en la iglesia".

"¿Cuál?"

"El medieval en lo alto de la colina".

"¿Es el siglo 17 temprano considerado medieval

"¿Estos días?"

Esto no es algo que puedas hacer repetidamente. La gente se cansa de los idiotas ficticios casi tan rápido como de los tontos de la vida real.

Sube el suspenso

Tomemos un segundo para definir qué es el suspenso.

El suspenso es una sensación de fascinación placentera y emoción mezclada con aprensión, tensión y ansiedad que se desarrolla a partir de una fuente de entretenimiento impredecible, misteriosa y conmovedora. El término suele referirse a las percepciones del público en una obra dramática. El suspenso no es exclusivo de la ficción. Puede operar siempre que se perciba un drama suspendido o se deje en duda una cadena de causas, siendo la tensión una emoción primaria sentida como parte de la situación.

En el tipo de suspenso descrito por el director de cine, una audiencia experimenta suspenso cuando espera que suceda algo malo y tiene (o cree que tiene) una perspectiva superior sobre los eventos en la jerarquía de conocimiento del drama, pero no puede intervenir para evitar que suceda Las películculas que tienen mucho suspenso pertenecen al género de suspenso.

El diccionario en línea lo pone así:

Suspenso, sustantivo, un estado o condición de incertidumbre mental o excitación, como en espera de una decisión o resultado, generalmente acompañado de un grado de aprensión o ansiedad.

Los escritores crean suspenso al generar incertidumbre acerca de lo que está por suceder. (¡Hay un cuerpo de opinión que dice que toda la ficción debería ser así!) Si el lector o espectador sabe lo que viene (y si constantemente se demuestra que tiene razón), ¿cuánto tiempo se quedará?

La clave para escribir ficción de suspenso es no revelar demasiado antes de estar listo. Alimentar por goteo los hechos más destacados en lugar de proporcionarlos en un diluvio. El diálogo ofrece una excelente manera de informar y desinformar.

Si un personaje logra sacar algún dato de un oponente o un testigo, que sea solo la mitad de la historia. Nunca regales todo a la vez.

A la gente le gusta ser misteriosa. Deja que tus personajes ficticios sean tan misteriosos como sea posible, pero mantén la coherencia en todo. Un personaje que comienza la historia como alguien cauteloso y muy reservado, no debe decir de repente todo lo que sabe o muestra, a menos que tenga una razón para burlarse de los ojos de las personas.

El diálogo ofrece una variedad de oportunidades para aumentar el suspenso de su novela o guión. Recuerda que no todas las palabras que salen de la boca de todos los personajes serán la verdad.

La gente dice mentiras para conseguir lo que quiere. Se burlan de sus amigos, cuentan chistes, no les gusta parecer tontos, mienten, inventan mentiras piadosas, ofrecen verdades a medias y tergiversan los eventos para que se ajusten a su visión de cómo debería ser el mundo. Asegúrate de aprovecharlo al máximo.

La interrupción útil

No hay nada como una interrupción para enviar el factor de suspenso por las nubes. Cuando dos personas están hablando de asuntos importantes, intente hacer que el lector se desespere por saber más. Estamos a punto de averiguar qué ha estado pasando, cuando...

- Alguien entra en la habitación.
- Una bomba explota.
- El personaje que habla recibe un disparo.

- Tal vez hay una llamada telefónica importante.

Hay mil interrupciones posibles. Usa tu imaginación.

Lo que sea que inventes, asegúrate de que sea algo que no se pueda ignorar. Si la persona que habla es luego retirada de la situación, mucho mejor. Sigue subiendo el suspenso.

Las personas son diferentes en muchos aspectos

Piensa en tus personajes como personas. Esta es la forma más fácil de darles vida en la página. Considera lo que nos hace diferentes a cada uno de nosotros.

Una vez asistí a una recepción en las Naciones Unidas.

Amontonados en una habitación grande había un grupo de individuos tan diverso como el que jamás encontrarías en un solo lugar. Conocí hombres que habían nacido en el desierto de Arabia, mujeres africanas que no habían visto agua corriente hasta que fueron a la universidad, y gente de un país tan frío que era más fácil arrancarse el vello facial que afeitarse con agua y jabón.

. . .

Había cristianos protestantes, católicos, cuáqueros, ateos, agnósticos, judíos, sijs, budistas, hindúes, jainistas, confucianos, taoístas, seguidores del Islam, sintoístas, Si Baba y quién sabe qué más. Todos habían tenido diferentes experiencias y antecedentes y ninguna de las dos personas en el evento habló o pensaba de la misma manera. Lo que decimos y cómo lo decimos se rige por muchos factores, incluyendo:

- Cómo nos sentimos
- Dónde estamos
- Con quién estamos hablando
- De donde somos
- Quiénes son nuestros padres
- Cuántos años tenemos
- Cuál es nuestra religión o creencias espirituales
- Qué trabajo hacemos
- El nivel de nuestra educación
- Lo que hemos experimentado
- Cuál es nuestro primer idioma
- Cuántos otros idiomas hablamos
- Qué libros hemos leído
- Qué televisión y películas hemos visto
- Quiénes son nuestros amigos

Esta lista podría continuar por un par de páginas más. Toda una riqueza de circunstancias y experiencias se necesita para determinar cómo habla la gente en la vida real. Es increíblemente complicado. Todos sabemos que un juez no hablará como un soldador, y que la 'manera habitual de hablar' de un actor será diferente a la de un conductor de autobús.

Todo esto se aplica incluso si han nacido y crecido en la misma calle. Agrega las diferencias en edad y educación, y la mezcla se vuelve aún más complicada.

Nuestros pasatiempos e intereses también ayudan a determinar cómo hablamos. Es probable que un surfista use palabras y construcciones de oraciones diferentes a las de alguien que disfruta del ajedrez o que navega. Es más probable que los jugadores utilicen términos como 'ir a por todas', 'probabilidades' y 'todo adentro' que alguien que nunca ha estado en un casino, ni ha jugado a las cartas por dinero.

No te dejes intimidar por tus personajes

Las personas son todas diferentes, y todos hablan de una manera diferente. Tu trabajo es dar vida a tus personajes a través del habla. Lo que te he dicho hasta ahora no tiene la intención de intimidarte o preocuparte. Estoy tratando de demostrar cuántas posibilidades tienes.

. . .

En mi opinión, averiguar cómo van a hablar los personajes es como pintar un retrato. Si estás escribiendo ficción literaria, es posible que desees obtener todos los detalles correctamente, por lo que usaría un pincel fino y una paleta que contiene docenas de colores. Si, como yo, estás escribiendo ficción de género, solo necesitas usar un pincel grueso y concentrarte en los tonos básicos.

Mantenlo simple. Me gusta construir mis personajes ficticios para que sean más grandes que la vida, casi como dibujos animados de automóviles.

El secreto de un gran diálogo

El diálogo funciona mejor cuando:

- Puedes diferenciar a los personajes por lo que dicen y cómo lo dicen,
- Suena natural,
- Imparte información,
- Hace avanzar la historia.

Siempre que puedas cumplir con todos esos criterios, tu diálogo funcionará maravillosamente.

. . .

Los eventos cambian a las personas

Antes de dejar el tema de la caracterización, es importante que comprenda que sus personajes deben evolucionar durante el transcurso de la historia. Esto debe reflejarse en la forma en que hablan.

Todo lo que experimentamos afectará cómo nos comportamos y cómo hablamos. Por ejemplo, una mujer que ha sido violada no va a seguir siendo la misma que era antes del crimen.

Según el tipo de persona con la que comenzó, puede ponerse llorosa, tal vez más nerviosa con los hombres, hablar con dudas o tartamudear, y puede dejar de confiar en los miembros del sexo opuesto por completo.

Otro tipo de mujer se enfadará y buscará venganza. Estas son reacciones muy diferentes a la misma experiencia, y habrá muchos tonos de gris en el medio. Lo único que todos tienen en común es el cambio. El violador también se verá afectado de alguna manera, como lo hará cualquiera que sea testigo del crimen o esté cerca de la víctima.

. . .

Retrocediendo un siglo hasta la Primera Guerra Mundial, un adolescente de dieciocho años que deja la granja para alistarse será una persona profundamente diferente al soldado de 22 años que regresa. Podría haber sufrido meses de guerra de trincheras, sangrientos combates cuerpo a cuerpo, y tuvo que ver impotente cómo la mayoría de sus amigos fueron llevados a Kingdom Come. Imagina lo que esa persona podría haber visto y pregúntate cómo te podría afectar la experiencia.

En la ficción, el protagonista tiene que cambiar sobre todo.

Como en este libro solo nos preocupamos por el diálogo, piense cómo puede expresar esos cambios a través de la forma en que él o ella habla.

Si lo haces correctamente, la mayoría de los lectores no notarán conscientemente que tus personajes cambian a lo largo de la historia. Evita ser demasiado pesado y estará bien. Es mucho mejor subestimar que exagerar en esta situación.

Lo que sucede después de un solo incidente violento es otra cuestión. Los lectores esperarán que los personajes cambien y esperarán que usted refleje esa transformación en la escritura. De manera similar, cuando la gente vuelve a la 'normalidad' después, nunca recuperará por completo la antigua 'normalidad'.

10

10 Consejos Para Mejorar Tu Diálogo

ALGUNOS LECTORES VERÁN la lista de contenidos y se acercarán directamente aquí, ignorando el resto de la información. Aunque eso muestra un cierto propósito mental, en realidad no va a funcionar. Escribir diálogos es 30% artesanía, 30% arte, 49% conocimiento. Sé que esas cifras no cuadran, pero escribir ficción no tiene mucho que ver con las matemáticas.

La conclusión es que si no sabe cómo formatear el diálogo, está hundido. Lo mismo ocurre con la mayor parte del resto de la información aquí. Mi mejor consejo es regresar y leer las otras cosas primero. Bueno, sin ningún orden en particular...

1. **Asegúrate de estar usando los ingredientes correctos**

. . .

Así como es imposible hacer un buen guiso sin los mejores ingredientes, un gran diálogo no surge de la nada. El resto de la novela o guión tiene que estar preparado para lograrlo. Esto significa que debes tener personajes memorables y situaciones que los pongan en conflicto.

Si tus personajes son adecuadamente memorables y están en conflicto con el resto de su elenco, encontrarás que los intercambios casi se escriben solos. Algunos autores exitosos "prueban" sus novelas escenificando una conversación imaginaria entre los principales protagonistas. Poco o nada de esto llegará a la novela terminada, pero los escritores que hacen esto dicen que es una manera fácil de solucionar los problemas antes de que dediquen demasiado trabajo.

2. **Añade un toque de humor**

Muchos de los grandes personajes de la ficción nos hacen reír. Su sola presencia en la página suele ser suficiente para hacernos sonreír.

Algunos de estos personajes son accidentalmente graciosos, otros y la mayoría de los detectives que menciono, son maestros de las insinuaciones y el ingenio seco. Generalmente, la comedia ofrece una visión del mundo diferente a la realidad, o bien de una realidad grotescamente amplificada.

Escribir comedia generalmente se considera un tema especializado. Como resultado, no es algo con lo que todos los autores se sientan cómodos. Al menos, eso es lo que la gente generalmente me dice. Mi respuesta habitual a este punto de vista es: ¡Basura!

No te estoy pidiendo que escribas una gran obra de literatura humorística, solo que añadas algún chiste ocasional a tu diálogo. A menudo, un juego de palabras fallido puede ser tan revelador sobre un personaje como un par de párrafos narrativos.

Escribir cosas divertidas realmente no es ciencia espacial. Recuerda, tienes el poder de alimentar a tus personajes con grandes líneas y de editar y perfeccionar cada palabra de lo que quieres que digan. Es sólo una cuestión de conseguir 'en el columpio' de la misma. Sé por experiencia personal que si te pones en el estado de ánimo adecuado, el humor comenzará a fluir automáticamente.

Parte del secreto de escribir comedia es conocer a tus personajes, lo que los motiva y lo que los molesta. Si lo haces bien, el lector podrá entender los chistes. Siempre que tengas cuidado de no exagerar, incluso si no das en el blanco, el lector seguirá disfrutando de sus intercambios.

Si te resulta difícil entrar en la zona, interrumpe y lee algunas cosas divertidas. Dependiendo del tipo de ficción que estés escribiendo, te sugiero que revises y leas lo que sea que te haga reír.

3. Lanza la llave inglesa ocasional a las obras

Este pequeño truco ingenioso funciona insertando una línea de diálogo aparentemente aleatorio en un intercambio entre dos personajes. Probablemente conocerá una técnica similar que se usa como dispositivo de trama, pero me gusta usarla para animar el diálogo marcado.

4. Flujo libre para encontrar la voz de cada personaje

Una de las maneras de detectar a un escritor nuevo o aficionado es cuando todos los personajes suenan igual. Cada uno de ellos usa la misma fraseología, hablan con ritmos similares y no tienen rasgos de carácter que los identifiquen, como tartamudez, predilección por usar una determinada palabra o frase y oraciones demasiado largas o cortas. ¡Invariablemente, todos hablan como el autor piensa!

Un pequeño truco que aprendí de un autor amigo mío es escribir un monólogo rápido con la voz del personaje.

Es importante que te pongas en su cabeza y escribas 'flujo libre'.

No te preocupes demasiado por las palabras, solo déjalo fluir fuera de tu subconsciente. Después de todo, no es con la intención de utilizar nada de lo que escribes. Entonces, la ortografía y la gramática no son importantes.

Al principio, puede que sientas que no funciona, pero cuanto más te adentres, más hablarás con la voz del personaje. Una variación de este tema es entrevistar a cada personaje y ver cómo respondería preguntas específicas. A veces encuentro que termino usando pasajes de la novela terminada. Así de valioso puede ser este ejercicio cuando lo haces bien.

Si realmente no puedes encontrar la voz de tu personaje y todo lo demás falla, elige a un actor para ese papel. Imagina al actor interpretando al personaje y recitando sus líneas. Pronto verás si ese personaje debe quedarse o irse.

. . .

5. **Acelera el ritmo**

Como mencioné anteriormente, el diálogo es una gran herramienta para acelerar el ritmo de cualquier obra de ficción.

Aunque el diálogo no se mueve exactamente a una velocidad vertiginosa, su ritmo es aún más rápido que el de un largo pasaje de descripción. Podrías pensar que describir un viaje en Rickshaw desde la estación de tren sería más rápido que un par de líneas de diálogo con personas comiendo delicias turcas, pero estaría equivocado.

Si desea escribir diálogos rápidos, un buen consejo es eliminar la voz del narrador tanto como sea posible. Corta las etiquetas al mínimo. Demasiados casos de él dijo, ella dijo, sólo ralentizarán el ritmo. Cíñete a informar lo que sucede en ese momento y lugar. Necesitamos escuchar acerca de las acciones de los personajes, no lo que puedan estar pensando, no acerca de lo que sucedió hace una hora o una semana.

6. **Aprende a lidiar con el silencio**

La gente no habla sin parar todo el tiempo. No solo es natural incluir períodos de silencio en su diálogo, sino que también ayuda a romperlo.

. . .

El silencio puede interrumpir el habla por muchas razones. Si dos personas se sienten cómodas en la compañía del otro, es posible que no tengan nada nuevo que decir, por lo que optarán por no decir nada.

Esto es particularmente cierto en el caso de los viejos amigos, los amantes jóvenes y las parejas casadas desde hace mucho tiempo.

En el extremo opuesto del espectro, los personajes que se sienten incómodos balbucearán o preferirán quedarse callados. Este suele ser el caso si un político poderoso se encuentra solo en un ascensor con un obrero, o si un hombre tímido se queda solo con una mujer particularmente hermosa (o viceversa), ninguna de las partes sabrá qué hacer decir.

Quizás un personaje acaba de hacer una pregunta incómoda. El silencio reinará mientras el otro decide qué decir. La amenaza y el miedo a menudo pueden producir silencio.

En estas circunstancias, nadie quiere parecer cobarde o revelar sus debilidades a través del habla. Seguro que se te ocurren más ejemplos.

. . .

La mejor manera que he encontrado para indicar el silencio en el diálogo es insertar un compás. Si pasa mucho tiempo, que sean dos.

Para aumentar la escala de tiempo, podrías hacer referencia a un proceso que todos sabemos que lleva mucho tiempo, como la coagulación de la sangre, la formación de estalagmitas o el endurecimiento de la cera.

He aquí un ejemplo de un silencio simple pero profundo que interrumpe una conversación.

7. **Hacer un juicio sobre jurar y blasfemar y apégate a él**

Algunos lectores se ofenden por las blasfemias y las malas palabras. Otros están bien con eso. Se sabe que muchos autores salpican su texto con palabras f** y peores, mientras que otros logran evitarlo por completo.

Las palabras ofensivas rara vez se usan en la narrativa, por lo que el dilema tiene que ver en gran medida con el diálogo. Las tres áreas problemáticas se relacionan con las blasfemias ("¡Jesús!", "¡Por el amor de Dios!"), las maldiciones ("¡Maldito sea!") y las palabrotas (¡no se necesitan ejemplos!). Algunos autores sienten que está bien incluir palabrotas pero no malas palabras, otros sienten lo contrario.

Por supuesto, hay varios grados de groserías, que van desde palabras de 4 letras bastante leves que describen funciones corporales hasta referencias sexuales de alto nivel. Si no está seguro de cuáles son, internet tiene un artículo informativo sobre las siete palabras sucias, que cubre el tema.

Ya sea que decidas usar algunos, todos o cualquiera de estas palabras, depende totalmente de tu propio juicio.

Tu principal preocupación siempre debe ser la expectativa del lector. Las personas que leen romance cristiano evitarán de forma natural las blasfemias, los juramentos y las palabrotas, mientras que los lectores de ficción erótica esperarán ver obscenidades y se burlarán de ti por tratar de usar eufemismos tímidos. Hay excepciones a cada regla. En el pasado reciente, los editores instaban a la mayoría de los principales escritores de suspenso a evitar todas las maldiciones, excepto las más leves, en aras de las ventas masivas en el mercado, mientras que alguien como Tim Claus no tuvo tales escrúpulos y sus libros todavía se venden en grandes cantidades.

. . .

Se podría argumentar que la gente dice palabrotas en la vida real, pero como sabemos, el 'diálogo realista' es una falacia. Es un artificio creado, por lo que es muy posible evitar el uso de malas palabras, si eso es lo que decides hacer.

Por otro lado, algunos escritores argumentan que eliminar estas expresiones por completo crea un diálogo mezquino y demasiado artificial. Mi consejo sería siempre errar por el lado de la precaución.

Una solución es hacer sustituciones. Una comedia de situación de la televisión británica sobre sacerdotes irlandeses, se salió con la suya con la palabra feck, que se dispersó generosamente en la mayoría de los episodios. Otros posibles contendientes incluyen fugging, freaking y flipping.

Luego está el viejo modo de espera, joder, como en "¡Que te jodan, amigo!"

Ten cuidado, o puedes convertir un drama duro en una comedia no intencional. Recuerde cuánto del alivio cómico en la película y el drama televisivo provino del uso de la palabra diablos por parte del personaje principal.

. . .

La gente suele decir palabrotas cuando está enfadada y, por supuesto, es posible transmitir la ira por otros medios.

8. **No abuses de los nombres de los personajes en los diálogos**

Aunque los lectores necesitan saber quién está hablando, es realmente molesto cuando los autores dan demasiado énfasis a los nombres de los personajes. Basta con mirar esta lamentable discusión:

"Hola, Diana", dijo Mike.

"Hola, Mike", dijo Diana. "¿Has estado esperando mucho?" "No, Diana", respondió él.

"Estaba buscando un libro en la biblioteca central."

"¿Tenían el libro que querías, Mike?" "Deberías saber mejor que eso, Diana".

Y así…

Si el lector no sabe los nombres de los personajes después de esto, ¡nunca lo sabrá!

Esta es una de esas raras ocasiones en las que los autores deben tomar nota de cómo se comportan las personas en la "vida real". En términos generales, solo nos dirigiremos por nuestro nombre en cinco situaciones específicas:

1. Cuando nos encontramos por primera vez con "Hola, Mike. Encantado de verte."
2. Cuando estamos enojados con la persona: "Oh, ¡Mike, cómo pudiste!" o "¡Maria, estoy tan decepcionado contigo!".
3. Cuando sentimos simpatía por una persona. "Vaya, Mike, lo siento mucho. no lo sabía".
4. Cuando estamos tratando de atraer la atención de una persona: "¡Oye, Mike! ¡Por aquí!"
5. Cuando nos despedimos: "Hasta luego, Mike. Dale mi amor a María y a los niños".

Limito mi uso de nombres de personajes en el diálogo a estos casos específicos e, incluso entonces, los uso con moderación. Debes recordar que además de escuchar a los personajes decir estos nombres en el diálogo, el lector también ve los mismos nombres en etiquetas y ritmos.

Demasiada repetición puede convertirse rápidamente en una molestia. A menos que necesites mencionar el nombre de un personaje con fines de identificación o énfasis, mi consejo es que no lo hagas.

9. ¿Cómo puedo hacer que mi diálogo sea aún mejor?

. . .

Cada vez que termino una novela o un guión, lo repaso varias veces para ver cómo puedo mejorarlo. Antes de hacer una lectura completa, la reviso, mirando solo el diálogo. Quiero asegurarme de tener dos elementos importantes correctos.

El primero es asegurarme de que todos los personajes suenen como se supone que deben hacerlo, lo que ya hemos visto y luego me gusta resaltar cualquier intercambio que sea innecesario o que dure demasiado.

Cuando encuentro un diálogo fofo o innecesario, lo corto. Luego, cuando creo que está lo más ajustado posible, me tomo un pequeño descanso. Tal vez voy a dar un paseo por la playa, veo una película o incluso lo dejo y vuelvo uno o dos días después. Entonces veo lo que puedo.

10. Poda un poco más

El mejor diálogo es cortado al hueso. Cuando la gente piensa en Jeeves y las otras creaciones, a menudo imagina un diálogo rico y empalagoso. En realidad, este señor fue muy moderado y no encontrarás demasiada grasa en ninguna de sus historias. Hemos tenido un ejemplo anteriormente en este libro, aquí hay otro:

Cavilando sobre estos asuntos, fue interrumpido por la apertura de la puerta. Entró el caballero de la oficina. Polly levantó la vista, molesta.

"¿Cuántas veces te he dicho que no entres aquí sin llamar?" preguntó severamente.

El oficinista reflexiona.

"Siete", respondió.

"¿Qué hubieras hecho si yo hubiera estado en una conferencia con un cliente importante?"

"Se ha ido otra vez", dijo el chico de la oficina. Trabajando en una Agencia de Investigación Privada, caes en la habilidad para resolver problemas.

"Bueno, sal ahora".

"Muy bien señor, solo quería decir que, mientras usted estaba ausente en el almuerzo, un caballero llamó"

"¿Eh? ¿Quién era él?"

Dejando a un lado las ligeras diferencias en el habla entre ahora y 1929, cuando se escribió un verano estremecedora, sería difícil quitar una palabra de este intercambio sin dañar el significado y el humor del extracto. Los únicos cambios que podría sugerir serían eliminar la última palabra de la oración, 'Polly miró hacia arriba, molesto y posiblemente con severidad', preguntó con severidad, pero eso es todo.

Por lo general, el diálogo en bruto que se acaba de escribir presentará muchas oportunidades para cortar. Además de deshacerse de las líneas superfluas, es importante recortar la grasa dentro de lo que necesita conservar. He aquí un ejemplo típico:

"¿De qué diablos estás hablando, Rose, mi querida

amiga?"

"Bueno, Jack, creo que te debes estar volviendo sordo. Creo que me expresé muy claramente".

"Si lo hubieras hecho, no estaría muy bien siguiera así, ¿verdad? Si quieres mi opinión, estás diciendo una absoluta tontería".

Después de un poco de recorte juicioso, podríamos tener este:

"¿De qué estás hablando, Amelia?" "¿Estás perdiendo la audición?"

"No, pero todo lo que escucho de ti son tonterías".

¿Cuál piensas que es mejor?

11. Lee el diálogo en voz alta

Sé que este capítulo se llama Diez consejos, y en realidad hay once, ¡pero Once consejos suena tan increíble! Aun así, he dejado lo más importante para el final: Lee tu diálogo en voz alta.

El diálogo es esencialmente palabra hablada, por lo que tiene sentido que lo hables en voz alta. Cuando estás leyendo, suele ser útil hablar como imaginas que tu personaje lo haría. Representa la escena, si eso ayuda.

Si algo va mal, pronto lo detectarás. Estate atento a las palabras inapropiadas o torpes, así como a los errores de ritmo y puntuación. Mientras hablas, debes preguntarte constantemente: "¿Es así como hablaría un maestro de 48 años (o cualquiera que sea su carácter)?"

11

Consejos Para Que Tus Historias Tengan Éxito

Crea personajes que los lectores recordarán

Posiblemente, el aspecto más importante de cualquier novela es que los personajes principales sean atractivos. Si al lector no le importa lo que les pase a tus personajes, estás hundido. Cuando creas personajes, deben ser memorables.

Algunos son héroes, otros villanos. Todos ellos se quedan contigo mucho después de que termines de leer el libro en el que aparecen.

Lo que estos personajes tienen en común es que son exagerados, 'más grandes que la vida', a diferencia de cualquiera que conozcas en la vida cotidiana. Sin embargo, para algunas personas, son más reales que el tipo sin rostro que acaba de atenderlos en la tienda 7-11.

Aunque el instinto les dice a los escritores novatos que minimicen las excentricidades de un personaje para que parezcan más 'creíbles', sugiero que hagas lo contrario. Después de todo, estamos escribiendo ficción y los lectores están desesperados por escapar.

Cuando alguien se sienta a disfrutar de una novela o una película de romance, un crimen, un misterio o una aventura, ¿busca un trozo de realidad? Definitivamente no. Se darán cuenta de que los asesinos en serie son raros en el mundo real. Saben que las posibilidades de que alguien que conocen sea asesinado en una casa de campo inglesa o en el Orient Express son prácticamente inexistentes y, sin embargo, suspenderán su incredulidad lo suficiente como para sumergirse en la historia.

Las personas que leen libros y ven películas exigen que las entretengan, por lo que le dan al escritor una licencia para exagerar.

¿Cómo crear personajes que los lectores recordarán?

. . .

Piensa en los seres humanos que conoces. Apuesto a que la mayoría de ellos son 'bastante ordinarios', al menos en la superficie. Olvídalos.

Algunas personas se destacarán. ¿Quizás el tipo 'totalmente siniestro' que vive al final de la calle y que nunca sonríe? ¿La mujer en el trabajo que invariablemente se emborracha y comienza a despreciar a su 'marido inútil'? ¿El tipo del mercado que tiene mal genio y grita insultos a sus clientes?

Las personas que traes a la mente tendrán algún defecto o excentricidad que las hace distintivas a tus ojos. Excluyendo los rasgos físicos, como ser jorobado o tener una sola pierna, será algo dentro de ellos que se manifieste en el exterior.

¿Por qué el chico de la calle nunca sonríe y se viste de negro? ¿Lo que le sucedió? ¿Fue un evento en la infancia, o algo que ocurrió más recientemente?

¿Por qué la compañera de trabajo siempre se emborracha y realmente odia a su esposo? Si es así, ¿qué le ha hecho?

¿Quizás es porque no estuvo a la altura de sus altas expectativas?

. . .

¿Por qué el chico del mercado pierde los estribos tan fácilmente? ¿Qué experiencias ha vivido? ¿Cómo ve a sus clientes?

Utilice este método de 'pensamiento inverso' para agregar profundidad a sus personajes. Ponte dentro de sus 'cabezas'.

El defecto fatal

Es un buen truco darle a tu protagonista algún defecto que impida su progreso para alcanzar la meta que le has fijado en la novela. Ese objetivo podría ser resolver el asesinato, recuperar a su hija de los secuestradores, devolver el anillo a su lugar legítimo, lo que sea. Piensa en lo que podría interponerse en su camino.

Todos conocemos al policía alcohólico (por favor, no lo uses), pero ¿qué pasa con el científico que tiene miedo de volar pero debe viajar al espacio para completar su misión?

¿O el padre claustrofóbico cuya hija ha sido secuestrada se ve obligado a trepar por estrechas cuevas para rescatarla?

. . .

Las posibilidades son infinitas. Ciertamente 'demasiado infinito' para volver al cliché del policía alcohólico, espero.

Como ya hemos establecido, el defecto de un personaje puede ser de naturaleza física o psicológica. Podría ser algo en el pasado del personaje que él o ella no pueda superar. Piensa en el policía que una vez le disparó a un niño por error, o en el agente del FBI que persigue a la pedófila que fue abusada de niña, la romántica sin amor de mediana edad que ha sido abandonada demasiadas veces.

Pensar fuera de la caja. El hombre con una pierna pudo haber perdido la otra en un acto heroico que lo dejó sin trabajo y su vida en ruinas. Eso sin duda cambiaría su forma de ver la vida. La mujer que perdió la audición en un atentado terrorista con bomba tendría una visión muy diferente de la vida después.

El arco del personaje

Cada personaje importante en tu novela tiene que reaccionar a los eventos y cambiar a lo largo de la novela. Lo que les sucede se llama el 'arco del personaje'. No deben ser exactamente iguales al final de la novela que al principio.

. . .

Supongamos que tu personaje principal es un contador estadounidense de un pueblo pequeño, que ha vivido una vida ordinaria y protegida. Tal vez sea un reservista de la Guardia Nacional, por lo que tiene algún entrenamiento militar, pero nunca ha tenido que descargar su arma con ira.

Supongamos que una banda de terroristas captura a su esposa y familia y los mantiene como rehenes. Él es la única persona que puede salvarlos. Las medidas extremas que se verá obligado a tomar y lo que presencie alterarán su personalidad en todo tipo de formas. Hay que tener esto en cuenta en cada capítulo de la novela. La forma en que tu personaje cambiará desde el capítulo uno hasta la conclusión de la novela tiene que ser gradual, así que refleje eso en su escritura.

Evita al villano 100% malvado

Los autores generalmente entienden que los personajes ficticios completos deben estar dotados de buenos y malos rasgos pero, por alguna razón, muchos escritores ignoran esta regla cuando se trata de sus villanos. No darles a los malos una sola característica redentora es una idea terrible.

De hecho, el antagonista debería ser el personaje más complejo de todos.

. . .

Nadie puede ser todo malo o todo bueno. Incluso el dictador alemán del cual todo el mundo ha hablado, el mayor villano de la vida real del siglo XX, acariciaba a los niños pequeños en la cabeza y amaba a su perro. Cuando creas personajes, es importante que reflejes la vida real, tanto la buena como la mala.

Para enfatizar la maldad, debes poder contrastarla con pequeños actos de bondad. No hay razón para que un asesino en serie y torturador no pueda ser un buen padre, madre, hijo o hija. Un matón neonazi aún puede dedicar su vida laboral a una organización benéfica contra el cáncer.

Es posible que un dictador crea que ser completamente despiadado con los disidentes es bueno para la gran mayoría de sus súbditos.

El villano debe seguir sorprendiendo al lector. No los hagas de ninguna manera predecibles. Queremos que el lector diga: "¡Guau, no lo vi venir!" Eso es música para nuestros oídos.

El bloqueo del escritor puede matar

. . .

Uno de los mayores obstáculos para cualquier escritor es poder escribir. Esto puede sonar estúpido pero es verdad. Los mejores escritores que conozco tienden a agonizar con cada palabra. Para ellos, escribir es angustioso y desdichado. Borran más palabras de las que permiten permanecer y, al final del día, se considerarán afortunados si logran más de unos pocos cientos de palabras. Gritan sobre el 'bloqueo del escritor' como si fuera una enfermedad o una aflicción causada por rayos láser del espacio exterior.

Los escritores exitosos no piensan así. Escriben rápido y sin dolor. Su objetivo es conseguir abajo tantas palabras como sea posible. Saben que nada de lo que escriben es perfecto pero no les importa. Conseguir las palabras es más importante que aspirar a la perfección. ¿Bloqueo de escritor? Es como si no existiera.

Dentro de la mayoría de los escritores, especialmente los aficionados, hay una vocecita que les dice que no son muy buenos. De hecho, en la mayoría de los casos, la vocecita es mucho más dura que eso. Dice cosas como: "¿Por qué te molestas? Eres un escritor absolutamente terrible . Tu falta de talento es vergonzosa. A veces, incluso les insulta.

Acerca de no poder escribir = bloqueo del escritor

. . .

Algunos autores escuchan su vocecita más que otros. De ahí viene el bloqueo del escritor.

La gran mayoría de los aspirantes a escritores, que pueden pasar años y años tratando de producir una sola novela sin éxito, casi siempre creen todo lo que les dice su vocecita. Es por eso que fracasan y nunca logran lograr nada que valga la pena como escritores. Esto se llama bloqueo del escritor.

En el otro extremo del espectro, los talentos por debajo del promedio (no daré nombres aquí, pero probablemente puedas adivinar de quién estoy hablando), ignoran la vocecita y ganan millones con su 'literaria'. esfuerzos

¿Ves un patrón emergente? La principal diferencia entre los autores exitosos y los escritores fallidos es (a) la autocrítica y (b) la capacidad de poner palabras en papel. Si un escritor se permite ser demasiado crítico con su trabajo, fracasa.

Simple como eso. Si no se preocupan por lo buenas que son sus cosas, es más probable que tengan éxito. Triste, ¿no?

Piénsalo. Olvídate de ser escritor, imagina cómo podría funcionar la misma actitud en otros aspectos de la vida. ¿Te imaginas a un atleta profesional que se levanta después de unos pasos porque cree que no llegará a la meta? Por supuesto que no. Ningún corredor haría eso, entonces, ¿por qué lo harías tú, como escritor? Los creadores de palabras aparentemente consideran el bloqueo de los escritores como un serio impedimento para su sustento, pero ¿quién ha oído hablar del bloqueo del atleta, el bloqueo del banquero, el bloqueo del chef o lo que sea? ¿Te imaginas a un cocinero que renuncia a un plato después de freír las chalotas porque duda de su capacidad para hacerle justicia? De ninguna manera.

Siempre he pensado que es posible que algunos escritores en realidad no tengan la vocecita. Eso explicaría por qué muchos de los peores escritores sobre la faz de la tierra son algunos de los más prodigiosos y los más ricos. Pero, después de haber hablado con una selección de ellos, ahora sé que esto no es cierto. Oyen bien la voz, simplemente eligen ignorarla. Hay miles y miles de libros, en cientos de categorías, que se venden en números espectaculares. A los periódicos de gran formato les gusta llorar la muerte de la novela pero, en realidad, el negocio editorial nunca ha estado en mejor forma. Principalmente, esto se debe al fenómeno de la autoedición. Se ha vuelto posible para casi cualquier persona convertirse en autor de éxitos de ventas.

¿Por qué esbozar tu novela?

. . .

Hay dos tipos de autores de ficción comercial. Los que saben delinear, y los que no. Los escritores que se sientan frente a una página en blanco e intentan inventarla a medida que avanzan se denominan 'pantaloneros', no porque su ficción sea 'pantalones', sino porque escriben 'por el asiento de sus pantalones'. Créanme, esto hace que suene más emocionante de lo que es.

Las principales ventajas del esquematizado son: La capacidad de ver la historia en general: ¿funciona? Si no, puede cambiarlo fácilmente sin tener que tirar toneladas de escritura.

Saber exactamente lo que vas a escribir acelera el proceso de escritura y lo hace más agradable. Si investigas durante el proceso de bosquejo, significa que no estás perdiendo el tiempo escribiendo. Escribir un esquema te da una idea más clara de la historia general y te ayuda a mantenerte enfocado.

¿Cómo se puede esbozar?

Recuerda que le llamo esbozo porque trazamos, como haría un pintor, las líneas básicas del argumento, las que definen el resultado final, las que dan forma y hacen que todo tenga un sentido.

. . .

Cuando quieres escribir una novela, tienes que preocuparte en primer lugar de qué historia vas a contar. Para asegurarte no solo de tener una buena historia, sino de tener historia, de no quedarte sin ideas después de veinte páginas de tecleo furioso o descubrir que tu idea no da para una novela. Es la primera etapa de la escritura, cuando pasas de la idea al argumento.

Con el argumento (y todas las piezas que lo componen) bien construido ya te puedes preocupar de cómo contarlo.

Plantearte cómo cuentas una historia, es entrar ya en la estructura, eso es la segunda etapa. En la segunda etapa te plantearás el narrador y trabajarás las escenas hasta obtener una escaleta.

En la tercera etapa de la escritura, la escritura del borrador, ya "solo" se trata de escribir esa escaleta.

1. Concretar la idea y obtener la premisa.

Lo primero es la idea. De ella extraemos la premisa, que será como un faro que ilumina todo el camino y marca a dónde quieres llegar.

2. Definición del tema

Después trabajamos el tema. En cada idea hay un tema subyacente, tenerlo claro te ayudará a seleccionar lo que incluyes en tu historia, siempre tendrá que estar relacionado con el tema y te tiene que conducir a la premisa inicial.

3. Decidir el conflicto principal

Con la premisa y el tema claro, empezamos con el conflicto. Ya puedes crear un pequeño argumento de cinco líneas que resuma la historia que quieres contar.

4. Personajes

Lo siguiente es trabajar personajes.

Empezaremos con el protagonista, vas a definir sus líneas básicas y a dotarle de las características imprescindibles como objetivo, motivación o defectos. El protagonista no es el único, también trabajarás los personajes secundarios y empezarás a pensar en sus conflictos o en cómo afectan a la trama principal.

5. El universo

Nos metemos de lleno en el universo de la historia. Y trabajamos a fondo el conflicto.

6. El recorrido de tus personajes

Seguimos con los personajes, porque como ya hemos trabajado el conflicto y el universo podemos trabajar los obstáculos que van a encontrar tus personajes. También trabajaremos sus biografías, arcos dramáticos, hasta el idiolecto, que es la forma de hablar específica de cada personaje. El objetivo en esta fase es tener fichas de personajes y de escenarios. Cómo no, trabajaremos a fondo las relaciones entre personajes, de ellas surgen conflictos y obstáculos o ayudas y soluciones.

7. Dar forma al argumento

Es cuando, por fin, empieza a tomar sentido todo lo que has hecho antes, porque tu historia va tomando forma.

¿Por qué creo en delinear?

He escrito fantasmas bastantes thrillers e historias de detectives en mi tiempo, e incluso más eróticas. Siempre he trabajado a partir de un esquema. Por lo general, el 'autor', que es la persona cuyo nombre aparecerá en el trabajo terminado, no la persona que realmente está escribiendo, tendrá algún tipo de esquema ya formulado.

¿Cómo crear tensión en una novela?

La tensión es un elemento muy importante en la novela, que no puede diseñarse por sí mismo, sino que necesita ser creada a partir de otros elementos. Hoy quiero darte claves básicas para crear y potenciar la tensión durante la novela, pero antes, veamos qué es la tensión.

¿Qué es la tensión? Duda o ansiedad que se genera sobre si el personaje será capaz de superar un obstáculo para alcanzar su objetivo. Es una pregunta sin respuesta. Es la necesidad que tenemos de saber qué pasa.

¿Por qué es necesaria la tensión?

La tensión es lo que engancha, lo que hace que sigas leyendo. Porque queremos respuestas.

¿Cómo crear tensión en una novela?

En el argumento, creando buenos ingredientes:

- Conflicto
- Obstáculos
- Personajes
- Fuerzas antagónicas
- Universo

En la estructura:

- La entrega de la información
- El ritmo de la acción
- Dónde empiezan y terminan las escenas
- El narrador
- El punto de vista
- Giros, ganchos y otros recursos que defines en esta fase

Conclusión

Como ya lo habrás notado escribir un libro requiere de mucha planeación, estrategías, y otras veinte mil cosas las cuales intente agregarlas a lo largo de todos estos capítulos, con la intención de poderte ayudar a ser un mejor escritor, que tus novelas tengan éxito y que puedan trascender en todo este mundo que verdaderamente es enorme.

De todo corazón espero que todos los consejos que te estoy dando te sirvan y empieces a escribir lo más pronto posible, recuerda que para alcanzar el éxito hay que trabajarlo, y aunque no te salga a la primera o tal vez alguno de los consejos que te doy no va con tu personalidad recuerda que existen otras cien opciones para que puedas conseguir lo que quieres, lo importante es empezar a trabajar en ello e ir corrigiendo los errores y las partes que no te vayan convenciendo.

Por último, solo quiero pedirte que no te rindas y sigas yendo por ese sueño que tienes de querer escribir una gran historia, espero algún día poder conocer a algunos de ustedes mis lectores que haya ayudado en su camino a ser escritores, sigue mis consejos, ¡podrás lograrlo!

www.ingramcontent.com/pod-product-compliance
Lightning Source LLC
Chambersburg PA
CBHW070547100726
47907CB00004B/1296

9781646948062